JN064939

まっちゃん部長わくわく日記

――日体大ラグビー再生

松瀬　学　著

論創社

はじめに——苦難の1年

もう心も体もボロボロである。

当年63歳。現在、スポーツを科学する「ニッタイ」こと、日本体育大学に勤務している。スポーツマネジメントの教授のほか、ラグビー部の部長も務めている。

そのラグビー部長に就いてはや1年が経った。1年前、ラグビー部は関東大学対抗戦Bグループ（2部）に転落した。大学教授としての授業や研究などの本務で大変だったのだが、これに部長としての様々な業務が加わった。

日体大の学友会（体育会）クラブの部長はお飾りではなく、チームのゼネラルマネジャーのごとく、仕事は多岐にわたる。部員（2023年度）が男子は95名、女子が40名。部員の相談や負傷手続き、遠征などによる公認欠席届などの学内手続きのほか、新人のリクルーティング、食事、合宿所のマネジメント、4年生の就職活動サポート……。歯が3本抜け落ち、体重は1年で10キロも減って76キロとなった（念のため、部長手当は1円もつかない。

ボランティアです）。

実は僕は早稲田大学のラグビー部ＯＢである。現役時代は、「縁の下の力持ち」と形容されるプロップだった。ニッタイの部長に他大学の出身者が就任するのは90年の歴史を有するラグビー部（１９３３年正式創部）では初めてのことだった。早大（１９１８年創部）は１００年余の歴史をもつ。かつてはライバルの構図にあった。

〈春〉青天の霹靂。「ラグビー界への恩返し」で就任

桜満開の春。２０２３年3月。晴天の霹靂《へきれき》だった。学友会の会長から突然、僕に電話がかかってきた。学内の異動に伴い、ラグビー部を離れた前部長の後任をしてくれないか、ときた。歴史あるクラブだ。立派なＯＢも多数いる。一度は断った。

最終的に引き受けたのは、ラグビー界の先輩たちが背を押してくれたからだった。僕は大学の教員でありながら、スポーツ・ジャーナリストでもある。いわば二刀流。たくさんのご縁をいただいてきた。

日体大OBでもある元関東学院大監督の春口廣さん、帝京大前監督の岩出雅之さんにも相談した。春口さんからはこう、言われた。

「日体大も早大も関係ないよ。ラグビーが好きなら、部長を引き受けてください。大学ラグビー界を盛り上げてよ」

岩出さんにはこういった趣旨の言葉をかけてもらった。

「メディアとして、ラグビー界のいろんな組織、いろんな人を見てきたでしょう。だから、日体大のラグビー部を再建するのには向いていると思います。部長として、安全、安心な活動環境づくり、学生のウェルビーイング（心身の幸福）をつくってやってください」

早大ラグビー蹴球部OB会の豊山京一会長にも電話をかけた。

「マツ、いいじゃないか。日体大ラグビー部部長として、ラグビーに貢献すればいい」

根が単純なのだろう、ラグビーが好きなら引き受けるしかない、と決断した。今日の自分があるのはラグビーのおかげである。ラグビーによって生かされてきた。カッコ良くいえば、これが人生最後のラグビー界への恩返し、いやチャレンジである。

日体大ラグビー部は人をつくる。指導者、選手を問わず、多くの人材を輩出してきた。

そのお手伝いをさせていただこう、と考えたのである。

ニッタイファン獲得のため、ホームページにコラム日記を執筆

福岡・修猷館高校から早大へ進学し、共同通信社でスポーツ記者を務めた。運よく、米国ニューヨークに4年間、駐在した。国内外の国際スポーツイベントを多々、取材してきた。2002年のサッカーワールドカップ日韓大会の直前、勝手に「フリーエージェント宣言」し、通信社を飛び出した。人生、何が起こるかわからない。これも何かのご縁である。

スポーツ現場を歩きながら、常々、感じていることがある。強いチームは周りに応援されている。愛されているということである。だから、日体大ラグビー部の情報を極力、発信し、日々の活動を知ってもらおう、と考えた。応援されてなんぼ、なのだ。

聞けば、日体大ラグビー部の男子ホームページは1年に数回しか、更新されていないことがわかった。そりゃ、ないでしょ。ならば、自分でコラムを書いていこう、と決意した。

こうやって日体大ラグビー部の男子、女子それぞれのホームページに『まっちゃん部長

日記』が登場した。少しでもファン獲得の一助になればいいじゃないの。

志高けれど波高し……。現状維持は後退。

伝統校のクラブの部長に他の伝統校のクラブのOBが就くのがいかに軋轢を生むのか。おそらく、日体大OBの中には、僕に反感を抱く人も少なからずいただろう。就任当初、OBから直接、厳しい電話や電子メールをいただいたこともある。某OBはわざわざ大学の研究室にこられ、「日体大のラグビー部のことをご存じか?」と聞かれた。

正直、詳しくは知らない。でも、早大時代、何度も対戦した相手である。いつも、負けそうになった。伝統のスカイブルーと紺の横縞の通称『ダンガラ』ジャージ。素晴らしくオープンなランニングラグビーでグラウンドをどのチームよりも走り回っていた。

無尽蔵の体力、フィットネス。そしてスクラムだってとても硬くて強かった。プロップだった僕の首筋に痛みの記憶はうっすら残る。

加えて、大学卒業後、ジャーナリストとしても日体大を取材してきた。日体大は日本の高校ラグビーの指導者を多数、輩出している。すなわち、日本ラグビーの礎作りをリードしてきたのは、このスポーツを科学する大学だと考えている。

確か、そんなことを、正直に話した。でも、ラグビー部の現状、組織は、詳しくは知りません、とも。ＯＢからはこう、ご助言をいただいた。

「では、1、2年、何もしないで、ニッタイのラグビー部を観察して、勉強してください」

がくりとひざが折れそうになる。ため息が漏れた。かつての有名なフレーズの「天気晴朗なれど波高し」をもじってこうひとりごちた。

「志高けれど波高し……」

スポーツ・ジャーナリストとして、いろんなスポーツ界の組織や現場を見てきた。ひとつ、確信がある。現状維持は後退である、と。2部に転落したクラブを黙ってみていたら、悪循環に陥るのではないか、との思いが募った。そのまま2部に低迷したら、高校生が日体大に来てくれなくなるとの危機感も抱いた。

そうですね。と小さく笑って言いながら、内心は覚悟を決めた。日体大を再建するぞ。

部長として、微力ながら、クラブの安全、安心な活動環境づくり、学生のウェルビーイングをつくろう。そして、1年でAグループ（1部）復帰を果たそうと。

フレッシュなスタッフでクラブ活性化を

監督には、かつて日本代表のテクニカルスタッフだった日体大OBの秋廣秀一さんが就いた。2020年度まで日体大のヘッドコーチを務め、その後2シーズンは大東大ヘッドコーチだった。その秋廣監督とともに大東大を指導していた渡邊徹さんが、総務・寮監・FW・S&Cコーチとなった。ヘッドコーチには熱血漢の湯浅直孝さんが就き、網野正大FWコーチは留任した。

学生からの人望が厚い岩本正人さんにはアドバイザーとして残ってもらい、渡辺清さんもヘッドトレーナーを何とか続けてもらうことにした。

チームとは生き物である。チーム全体の空気感を重視した。就任当初、ある現役部員が僕の研究室に突然、やってきた。前年度の話になった。「チームの雰囲気が悪くて」と悲しそうに漏らした。秋廣監督には、まずはクラブの活性化をお願いした。

一方、女子は圧倒的につよい。監督には、「チーさん」こと古賀千尋さんがヘッドコーチから昇格した。優れた実積、ほとばしる情熱、卓越した指導力、いつだって存在感に満ちている。部員からもすこぶる慕われている。

部員の才能も規律も意識も高い。だから、何も口を出す必要はあるまい。古賀監督にすべてをお任せし、僕は活動環境づくり、学内業務のサポートに徹している。

〈夏〉合宿所の大掃除&改修工事、寄付金で昼食に「ふっきメシ」

男子は、環境改善のため、いろんなことをやった。

猛暑の夏。ラグビー部合宿所をのぞきにいったら、食堂に真っ黒のカラスがいて、腰を抜かしそうになった。7月の菅平高原の夏合宿の不在期間を利用して、窓を修繕して共有部分をリフォームし、建物の壁をグレーから明るい白色に塗り替えてもらった。部員が合宿所に戻ると、豪華賞品を準備し、キレイ度とスピードを競う大掃除大会も開いた。自分たちが生活する場をキレイにする意識改革に取り組んだ。

リフォーム工事を請け負った業者が帰った後、食堂のホワイトボードには赤色マジックでこうメッセージが描かれていた。

〈ラグビー部員様

全工事終了しました。☆みんなできれいに使ってね☆

たくさんのご協力、感謝しております。（差し入れもありがとうございます）

試合がんばってください‼　応援しております‼

（株）鈴幸ハウス　鈴木工業一同〉

余談をいえば、合宿所の一室には60センチ四方ぐらいの濃いグレー色の「開かずの金庫」が眠っていた。解錠のダイヤル番号を知っている部員は誰もおらず、ここ数年、そのままになっていた。ひょっとして中には大金が入っているのかもしれない、ということで、2023年10月某日、専門の業者に来てもらい、約1時間をかけて開けてもらった。

中から出てきたのは、なんと束になった50円硬貨や10円硬貨だった。紙幣はゼロ。部員が数えたら、ざっと1万円ほど。業者の費用が約4万円だったから、マイナス3万円と相成った。寮監の渡邊徹コーチはこう漏らし、苦笑するしかなかった。

「お宝、発見ならず、ですね」

前年度のシーズンをレビューしたら、シーズン中、部員の体重が平均で2〜3キロ、落ちていた。からだつくりのベースは、朝・昼・晩の三度の食事と睡眠である。その上での筋力トレーニングとなる。調べたら、朝晩はラグビー部提供だが、本人任せの昼食をほとんどがコンビニのカップラーメンやサンドイッチなどで済ませていることがわかった。

それはダメだろう。シーズン中は、大学の食堂の業者に相談し、昼に、栄養が計算されたスタミナ弁

菅平高原での夏合宿の筆者（提供：岸健司氏）

当を提供することにしてもらった。名付けて、「ふっきメシ（一部復帰必勝メシ）」。財源はどうしたかというと、ラグビー部ＯＢや保護者、教職員から寄付を募った。僕の同期や先輩後輩となる早大ＯＢや慶大、明大、東大など他大学のＯＢからも集まり、日体大のご年

配のOBから、「日体大OBの顔に泥を塗るな」と叱られたが。
結局、300万円を超す金額が大学法人を通してラグビー部男子に寄付され、ふっきメシの経費など学生の食事補助にあてられた。2023年度のシーズン、部員の体重は平均で約2キロ増えたのだった。

〈秋〉から〈冬〉。指導陣の情熱と選手の努力。

現場とて、秋廣監督以下、スタッフが指導に情熱を注ぎ込んだ。
学生も努力した。夏合宿前には、強豪の日体大レスリング部との合同トレーニングにも挑んだ。春夏秋とどのシーズンも対外試合を前年度より増やした。秋廣監督によると、「前年の倍は試合を組んだ」という。シーズン中にも、大学王者の帝京大と練習試合をさせてもらった。ありがたいことだった。

ありがたいといえば、2023年7月、女子セブンズの大学交流大会（熊谷・立正大グラウンド）で日体大が優勝し、炎天下、僕は女子部員の手によって胴上げをしてもらった。

寒風吹きすさぶ同年12月の埼玉・熊谷ラグビー場では、Aグループ・Bグループ（1部・2部）入れ替え戦で日体大（B1位）が成蹊大（A8位）に勝利し、こちらは男子部員の手によって胴上げをしてもらった。

ちょっと喜び過ぎた。対戦相手に失礼だったと猛省している。男子の場合は、黄金期を知る某OBにこう、諭された。

「部長、1部に復帰したぐらいで喜びなさんな」

〈新年〉主将「めちゃくちゃ楽しかった」

年が明けた。

2024年1月某日。

東急田園都市線の青葉台駅前から「日体大正門前行き」のバスに乗ったら、ばったり、2023年度の伊藤拓哉キャプテンに会った。部活動を終えたからだろう、流行りのスペインカールというのか、サイドを刈り上げておしゃれに決めている。

おっ。ふっきメシならぬ、「ふっきヘアーですか」とちゃかした。そして、1年間どうだった？　と聞いた。

伊藤キャプテンは顔をくしゃくしゃくしゃにして、こう口にした。

「めちゃくちゃ、楽しかったです」

1部復帰を決め、歓喜に沸く日体大フィフティーン（提供：森屋朋子さん）

僕は救われた。これがイチバン。学生の成長と喜ぶ顔をみるために1年間、突っ走ったようなものだったからである。

冒頭に「ボロボロ」と書いたけれど、振り返れば、実は僕は日々、心ズキズキ、ワクワクだった。若者の情熱と意気と感激に触れれば、疲れは吹っ飛び、楕円球のごとく、心はあちこちに弾むのだった。

雪降る夜。酒場の友人にホームページの「まっちゃん部長日記」を本にまとめてみたら、と勧められた。いつものごとく、その気になった。

同じく低迷している大学スポーツのクラブはごまんとある。強いクラブのストーリーもいいが、どん底から復活するクラブのプロセスもオモシロいし、そういった大学クラブの苦労話も参考になる。なんといっても、ニッタイのラグビー部を多くの人に知ってもらうことになる。

まだ再建の端緒についたばかりだが、本書が、少しでも復活をめざすクラブの活動の一助になればと思う。

読者のみなさん、悪戦苦闘の1年間の「わくわく日記」をご笑覧あれ。何より、楽しんでいただければ幸いである。

松瀬　学

まっちゃん部長わくわく日記
——日体大ラグビー再生

目次

第2章 1部復帰に団結

第Ⅱ部　ラグビー部女子（2023年4月9日〜2024年1月23日）

第1章　ナンバーワンへ、走る日体大

第2章　完全燃焼のノーサイド

※本書は、日本体育大学ラグビー部ホームページに掲載された「まっちゃん部長日記」を加筆・修正したものです。うち、第Ⅰ部の8、9、10、14、17、24、27、第Ⅱ部の6、7は初出「スポーツナビ」。文中の肩書、役職、年齢、学年などは掲載当時。「はじめに」と「おわりに」は新原稿です。本文中の写真のクレジットがないものは筆者撮影です。

第I部　ラグビー部男子

第1章　低迷脱出

1　勝つって良いもんだ。でも、これから〔2023・4・17〕

やっぱり勝つって良いもんだ。みんなが笑顔になる。いざ部長として迎えた日体大ラグビー部男子の初陣だった。関東大学春季大会。相手が、前年度の入れ替え戦で苦杯を喫した創部100周年の成蹊大学である。リベンジだ。8トライの猛攻を浴びせ、52－14での圧勝劇だった。

ラグビーとは〝縁〟である。4月16日の日曜日。場所が、武蔵野市の成蹊大学けやきグラウンド。吉祥寺の駅前からバスに飛び乗り、成蹊学園前で降りた。ラグビー場はどこかな？　そう迷っていたら、高齢の紳士から突然、声をかけられた。「私もラグビー場に行きますから。ご一緒に」と。

あとでわかるのだが、成蹊大学ＯＢで紀伊國屋書店の会長兼社長の高井昌史さんだった。ラグマガ（月刊「ラグビーマガジン」）に連載コラムを書かれている。一緒に成蹊大学の構内を歩く。大きな欅《けやき》の並木が風情を醸し出す。こちらが日体大ラグビー部の部長と知るや、冗談口調でぼそっとおっしゃった。「Ａ（1部）とＢ（2部）は違うねえ。天国と地獄だよ」と。

日体大はその地獄に落ちたわけだ。この日雪辱に燃えた。今年度のチームスローガンが『Battle』である。相手に挑みかかる気概が見えた。キックオフ直後、頼みのナンバー8、テビタ選手が足首を痛め、嫌な空気が漂ったけれど、ＦＷ戦で優位に立った。スクラムで押す。ラインアウトでボールを奪取する。

前半序盤、ラインアウトからのドライビングモールをごりごり押して、左中間に先制トライ。その後も、フッカー萩原一平選手（3年）がタテを突いて、つないでトライを重ねた。プロップの工藤隆誠選手（3年）、ロック逢坂侑大《ゆうた》選手（2年）らもインゴールに飛び込み、前半で5トライをもぎ取った。

ＦＷが接点、スクラムで前に出れば、バックスの走力も生きてくる。ゲームキャプテンを務めたＳＨ小林峻也選手（４年）もテンポよくボールをさばき、スピーディーなオープン展開で大幅ゲインを重ねた。オフロードパスもよく決まった。フォロワーの位置取りがうまかった。

後半中盤までは個々のタックルも厳しく、成蹊大にゲイン突破をなかなか許さなかった。ウイング森屋堪太選手（４年）、ナイスラン！　途中交代で入った大橋興太郎選手（３年）、ナイスセービング！

濃紺ヘッドキャップのロック岸佑融《ゆうすけ》選手（３年）はよく走る。からだを張る。タックルもいい。

終盤、日体大は足が止まった。フィットネス不足か、足がつる選手が相次いだ。ここは強度のある練習を続けるしかあるまい。後半の終盤にミスから2トライを献上した。

けがで欠場した伊藤拓哉主将はウォーターボーイを務めた。試合後、笑顔だった。こう、漏らした。「まだまだ。点差が開いてから、気持ちが緩んだ」と。勝って反省できるのはラッキーである。これから、これから。

うれしかったのは、1年生部員のコトバ。「早く先輩と一緒に試合がしたい」。この日の先輩たちはよほどカッコよく映ったのだろう。

帰りは、吉祥寺駅まで、秋廣秀一新監督の車に乗せてもらった。BK担当の湯浅直孝ヘッドコーチも一緒だった。ポジティブな話題に終始した。僕は後部座席で何度も言った。「ありがとう」と。

勝利はチームをひとつにしてくれる。試合メンバーだけでなく、控え選手の貢献も大きい。仲間の勝利でもある。

部員のみなさん、成蹊大のみなさん、サンキュー！　サンキュー！　今年度の目標がBリーグ優勝、そして1部復帰。さあ苦難の年のスタートだ。

成蹊大学戦スクラム

2　常にチャレンジャー！　これで新年度2連勝、こいつは春から縁起がいいわえ

〔2023・4・24〕

朗報である。日曜日の午後、SNSのラインに日本体育大学ラグビー部の伊藤拓哉キャプテンの短いコメントがあがった。

「セブンズ優勝しました‼」

おっ。優勝したか。思わず、声をあげた。実はこの日（4月23日）、関東大学ラグビー連盟主催の『関東大学対抗戦Bグループ・セブンズ大会』が学習院大学で開催されていた。B（2部）だから、帝京大や早大、明大、慶大はいない。それでも、ひとつの大会で優勝したことには意義がある。

僕は、学会の研究会のため、試合の会場には行けなかった。でも、気にはなっていた。どれほど、このラインのコメントがうれしかったか。これで前週の成蹊大戦の勝利（52－14）に続き、2連勝である。とにもかくにも、勝つっていい。勝って反省できるの

はラッキーだろう。

夕方、秋廣秀一監督の携帯に電話をかけた。呼び出し3度で出てきた。「おめでとう!」と声をかけた。「ちょっと、話を聞かせてよ。原稿にするから」と言えば、控えめな監督は「マジすか」と狼狽した。

「僕ではなく、学生に聞いてくださいよ。だって、僕より、学生のコメントを尊重したほうがいいですよ」

相変わらずだ。笑いながら話を聞けば、トーナメント制の大会で、日体大は初戦に成城大に48-7で圧勝し、続く試合で武蔵大にも21-7で快勝した。決勝戦は、今年度から同じ関東大学対抗戦Bグループで一緒になる明治学院大と対戦し、22-12で逆転勝利を収めていた。

昨年度の関東大学対抗戦Bグループの2位が明治学院大で、1位は成蹊大だった。Aグループ(1部)だった日体大は入れ替え戦で成蹊大に敗れ、Bグループ(2部)に転落していた。だから、今年度はBグループにおいて明治学院大が一番のライバルとなる見通しだ。その大学に勝っての優勝だった。

秋廣監督は言った。

「昨年度の結果でいうと、今年度は絶対、明治学院大に勝たないといけません。メンバーが違って、向こうのチーム力がどうなるかわかりませんけど、普通に考えれば、一番の相手は明治学院大になるんだろうなと思います」

ひと呼吸あけて、こう続けた。おのずと言葉に力がこもる。

「とても大きいんですよ。ここで（明治学院大に）勝ったのは」

決勝戦の様子を聞けば、日体大メンバーは当初、すこぶる硬くなっていたらしい。「プライドだったのでしょう」と言う。昨年度、Aグループ（1部）に所属していた意地だろう。誇りだ。このBグループ（2部）で負けるわけにはいかない。つまり、選手はがちがちに硬くなった。守りに回ったようだ。

先制トライを奪われた。目が覚めた。湯浅ヘッドコーチの声が響く。

「コミュニケーションをとれ！」

本来の連携、そして挑みかかる気概を取り戻した。どうしたってチャレンジャー。ひとりひとりが相手と勝負し、ランニングラグビーが輝きを放った。とくに3年生のバックスの辰己一輝選手、4年生の森屋勘太選手の鋭いランが光った。22－12の逆転勝ちだった。

秋廣監督は言った。

「我々としては常に〝チャレンジャー精神〟でいかないといけない。今日、それを学んだのです。優勝しても、ワーッと大喜びするような感じではありませんでした。喜びは控えめ、〝勝って兜の緒を締めよ〟といった感じでした」

これで、先週の15人制の成蹊大戦に続き、チームは2連勝となった。〝こいつは春から縁起がいいわえ〟ときたもんだ。チームは生き物だろう。新体制に変わり、チームは上昇気流に乗っている。

これも、試合メンバーだけではなく、部員全員のがんばりのおかげである。秋廣監督ほか湯浅ヘッドコーチ、渡邊徹コーチら、スタッフの指導、加えて大学関係者、OB、保護者らの支援のおかげでもある。

「心機一転です」、そう秋廣監督は語気を強めた。「我々はあくまでチャレンジャーなのです。我々がなぜここ（Bグループ）にいるのか、ということにみんな気がついたと思います。プライドですよ。日体プライド。それが大事なんです」

ただ、くれぐれも〝おごる〟ことなかれ。慢心は敵だ。みんながチャレンジャー。どこにいたって、挑みかかる気概がなければ敵を凌駕することはできまい。

秋廣監督の耳にラグビー協会の人のこんな小声が入ってきた。「なんで、日体大がここにいるんだろう」と。

当然、昨年度は弱かったから、日体大はBに甘んじているのだろう。でも心機一転、チャレンジャーと化した日体大はこれまでとはひと味違うのだ。『Battle』。ひたむきさを取り戻した伝統校の未来はきっと、明るいのである。

3　あいさつが出会いをつくり、出会いは人を育てる。そして感動は人を変えるとたい

〔2023・5・1〕

GWである。4月30日の日曜日、日体大ラグビー部は関東学院大と戦い、Aチーム、Bチーム、Cチームいずれも敗れた。残念である。

でも、人もチームもいつかは負ける。場合によっては、しょっちゅう負ける。そこでどうするかが大事なのだ。

「負けて学べるか」が未来の勝者と敗者を隔てることになるのだろう。この反省と後悔を、鍛錬と熟慮の先の栄光へどう結ぶのか、である。

僕は、試合会場には行けなかった。なぜかといえば、〝第二の故郷〟フクオカに戻っているからだ。やはり、ココロ落ち着く。チューリップの名曲「博多っ子純情」をふと口ずさむ（とても古い！）

いつか君行くといい♪
博多には夢がある〜♪

日体大のラグビー部長の大事な仕事のひとつがリクルーティングである。才能ある男女の高校生ラガーの勧誘なのだ。だから、高校ラグビーの視察を兼ね、強豪高校が集う「サニックスワールドラグビーユース交流大会」（宗像市のグローバルアリーナ）をのぞいてい

筆者（左）と恩師、城戸先生（右）

るわけだ。
やはり雨のサニックス大会だった。この大会、よく雨が降る。とくに土曜日はどしゃ降りの雨だった。雨に濡れたピンクや赤色のつつじが綺麗である。小さい緑色の折りたたみ傘だったから、黒色のズボンや革靴はぐしょぐしょに濡れた。寒くて、寒くて。
雨の中、高校生は元気だった。闘気が全身からほとばしっている。風邪をひかないのかな、と心配になった。中学時代からラグビーを指導してもらった恩師の城戸英敏先生に会った。「雨に濡れて高校生、大変ですね」と漏らせば、先生は大笑いした。「おまえもそうやったろうもん。泥んこでラグビーしよったったたい」と。
重いパソコンを収めた青色リュックを背負って、風雨の中、高校の監督たちにあいさつ回りをした。みなさんの熱量たるや、すごいものだ。日体大ＯＢの佐賀工業の小城博先生もすこぶるお元気だった。若者を成長させるためには、「成功体験と反復練習」とおっしゃった。いい言葉である。

雨の中、木の下のベンチでボランティアの女子の高校生が弁当を食べていた。雨に濡れている。「おいしい？」と聞けば、満面の笑みで「とっても、うまか～」。ははは。つい涙が出そうになった。

日曜日は、サニックス大会は試合がないため、城戸先生が長年ご指導されていた筑紫野市の筑紫高校のグラウンドに行った。ラグビー部が猛練習をしていた。懐かしのランパスである。延々と走り続けていた。ノスタルジーを覚える。

高校生のあいさつの声の大きいこと、大きいこと。スバらしい。すっかり温厚になられた城戸先生に「みんな、アイサツ、いいですね」と言えば、こうおっしゃった。

「あいさつが出会いをつくり、出会いは人を育てる。そして感動は人を変えるとたい」

グラウンドそばの白色の校舎の壁には金色の『筑紫魂』の文字があった。部員の赤色のＴシャツの背中には白文字で『信は力なり』。あぁ青春とは、意気であり、感激であり、かえり見る微笑なのである。

筑紫高校そばの太宰府天満宮にも立ち寄った。境内のそばに小さな祠《ほこら》が建っていた。入口にこうあった。『邂逅の苑《えん》』と。改めて思う。ご縁は大事だな、邂逅は人生の宝だな、と。

4　がんばれ！　ニッタイダイ！　〔2023・5・4〕

黄金週間も半分が過ぎた。晴天下、朝から、薫風を受けながら東京湾岸を走った。心地いい。気分も晴れ晴れ。なぜかというと、いいことが続いたからだ。

日体大のラグビー部の部長となって早や1カ月が過ぎた。早大時代からの友から、唐突に小包が届いた。「スポーツの神」として有名な亀戸の香取神社のお守りが入っていた。あの『勝守』である。

手紙にはこう、あった。〈部長就任　おめでとうございます。トップアスリートが願を

かけにくるスポーツの神です。受け取ってください〉

うれしいじゃないか。大のラグビーファンである。熱狂的な早大ファンである。携帯に電話をかければ、「今年からは日体大も応援しなくちゃ」と笑ってくれた。

そういえば、小包には私の好物の「かっぱえびせん」と、懐かしの「ココナッツサブレ」も入っていた。涙が出そうになる。

もうひとつ。日体大のラグビー部として始めた『寄付金集めプロジェクト』である。「寄付なんか集まるわけがない」とあるOBには嘲笑され、「使途目的の昼食（弁当）ぐらい自分のカネで食べたらどうだ」と批判もされた。それは一理あるだろう、でも厳しい食事環境を何とかしたいという思いから始めたのだった。

失敗するリスクより、何もやらないリスクを恐れたのだ。「Just Do It!」である。

実は大学法人にご寄付があれば、名前と金額は私のところに報告がくることになっている。言い出しっぺの僕以降、誰からもご寄付がなかったのだが、2、3日前からぽつぽつと集まり出した。関西からは高額な金額でどんどんと。

これまた涙が出るほどうれしくて、つい携帯に電話をかけてしまった。誰だろう？　日体大を卒業したばかりのラグビー部員の父親だった。随分前から現役部員の食生活を心配していたそうだ。

こう、おっしゃった。「がんばれ、ニッタイダイですよ」。ありがとうございます。

5　ありがたいルーツ校の厳しいレッスン

〔2023・5・8〕

ラグビー仲間はありがたいものである。長年、ライバルとして切磋琢磨してきた日本ラグビーのルーツ校、慶大が、あえて2部に落ちた日体大を、伝統ある慶應ラグビー祭に招待してくれた。5月7日、日吉の慶大ラグビー場。どしゃ降りの雨の中、日体大は5－38で敗れた。厳しいレッスンに感謝である。

ノーサイド。僕は、スタンドにいた黒黄会（慶大蹴球部OB会）理事長の市瀬豊和さんにお礼を言いに行った。かつて早慶戦では敵味方で戦ったことがある。「がんばってください」とおっしゃった。

「ぜひ、ぜひ、また、1部に上がっていただいて、お互いいい試合ができればいいと思います。僕らの時代はほんと、日体大に勝つのは大変でした。私は、その時代を知っていますから。そういう試合をまたやりましょう」

『日本ラグビー蹴球発祥祈念碑』。ラグビー場の出入り口のそばにコンクリートの短い電柱のような白っぽい発祥碑が建っている。てっぺんには黒っぽいラグビー選手のモニュメントが載っている。

誰なんでしょう？　慶大ラグビー関係者に聞いても、みなさん、「？」と首をかしげる。ひょっとして、ラグビーを始めた英国のエリス少年だろうか。いや、E．B．クラーク氏とともに日本にラグビーを持ち帰ったとされる慶大の田中銀之助さんだろうか。

それはともかく、試合である、試合。日体大は、相手に挑みかかる気概にあふれていた。キックオフ直後、敵陣深くスタンドオフ小田晴陽《はるひ》選手が持ち込んだ。でも、最後にパスミス。スポーツに「たら・れば」はナンセンスである。でも、これが先制トライになっていれば……。

すみません。日体大はタックルがよかったのだ。とくに自陣ゴール前、ニッタイ選手の

vs 慶應戦のスクラム

集中力、抵抗力の気概は切れなかった。前半はタテに突破されて1本、チャージから1本の2トライを許したものの、ディフェンスラインを崩されてのものではなかった。

フランカーの楳原《うめはら》大志選手、ナイス・タックル！ ナンバー8伊藤拓哉主将、ナイスファイト！ 見ながら、そう心で声を発していた。

後半は序盤に2トライを奪われたが、後半18分、敵陣ゴール前のラインアウトからモールを押し込んで、ブラインドサイドに持ち出し、ウイング片山悠希選手が左隅に飛び込んだ。この日、唯一のニッタイのトライだった。

結局、トライ数は相手6本に対し、日体大は1本だった。でも、悲観的になる必要はない。スクラム、ラインアウトのセットプレーはむしろ優勢だった。うれしいものだ。ひたむきなニッタイのタックルにも目頭が熱くなった。

試合終盤、センターの齋藤弘毅選手が相手の猛タックルにもんどりうって倒れた。大丈夫か。自力で立ち上がってホッとしたが。

試合後、秋廣監督や湯浅ヘッドコーチ、網野コーチ、渡邊コーチらに「お疲れ様でした」と声をかけた。みんな、雨でびしょ濡れながら、選手たちの労をねぎらっていた。スタッフも選手も、ありがとうございます。

テント下で、伊藤キャプテンと言葉を交わした。「ナイス・ファイト！」と言えば、主将は「手ごたえは感じました」と漏らした。

「伝統ある慶應義塾大学さんと前半は互角に渡り合えたんですけど、後半20分、積み重ねてきたものの差が出たのかなと思います。やはり、取らないといけないところで取りきれないと、このレベルの相手には勝てません」

つまりは、詰めの甘さ、仕留める力だろうか。伊藤主将は別れ際、こう強い口調で言葉を足した。

「これからです」

そうだ。勝負はこれからなのだ。ルーツ校の慶應魂に触れ、日体プライドが頭をもたげてきたのである。

6　親の愛情に感謝

〔2023・5・12〕

黄金週間が終わり、もう5月も半ばである。今週は東へ、来週は西へ。日体大ラグビー部の部長として、有望な高校生がいれば、どこにでも飛んでいく。もちろん、平日は大学の授業、雑務もあるため、嵐のような忙しさである。

でも、「ラグビー界への最後の恩返し」である。元プロップの意地にかけ、お腹の丹田にぐいと力を入れるのだ。佳境を迎えたリーグワンの試合は現場取材ができず録画で見るのがやっとである。日体大の男女の試合を回っている。学生ラガーのがんばりに心が揺さぶられれば、つい原稿を書きたくなる。職業病だろうか。悲しいサガである。

ただいま、日体大ラグビー部の男女ホームページにそれぞれ、『まっちゃん部長日記』

なる雑文コラムを書かせてもらっている。

そう、そう。清水の舞台から飛び降りる覚悟で始めた『寄付金集めプロジェクト』である。ぽつりぽつりと、その趣旨に賛同していただける方が出てこられている。感謝、感激である。ありがたいことである。

試合後の円陣。ラグビーはチーム競技。

日体大の現役の部員の親から、ラグビー部の若いOB、熟年OB、大学の教員仲間、ラグビー仲間まで、「ヨッシャ」とご寄付をしていただいている。ご意見のところには、部員の親からこんなコメントがあった。

「息子から『昼食は食べないことが多い』という話を聞いておりました。身体が資本のラグビーをしながら、それでいいのかと思っておりました。今回のお弁当提供の提案はとてもありがたいことです。わずかな金額ではありますが、ラグビー部の発展、そして意識改革の一助となればと思い、寄付させていただきました」

そういえば、ある現役部員の親からはお米がどんと40キロ送られてきた。感動である。でかくなりたい僕は早大時代、毎朝、どんぶり飯3杯を日課としていた。1杯目は本能で、2杯目が意地、3杯目は執念で食べていた。

うれしいじゃないか。もちろん、寄付の目的は、イチバンには部員の昼食補助である。でも、実は部員たちの〝自分たちは親やOB、周りから応援してもらっている〟という、がんばるモチベーションに火を付けることにもあるのだ。

やっぱり、この世は捨てたものじゃない。親子の情愛は健在である。誰かのために何かをするという互助精神は生きている。周りから応援されるって幸せなことである。ラグビーはひとりじゃできない、とつくづく思うのだった。

7　寄付について

〔2023・5・20〕

沖縄はもう梅雨入りである。歳月が経つのははやいものだ。『寄付金集めプロジェクト』もスタートし、もうじき1カ月となる。日体大ラグビー部、いや大学ラグビーを応援していただける多くの方々からご寄付をいただいている。

いろいろな方がいらっしゃる。当然、いろんな考え方がある。一昨日、ある日体大ラグビー部OBから1本のメールをいただいた。OB会費を納めている者に対しては、寄付金集めはOBの顔をつぶす行為であり、OBが恥をかくことになる、といったご主旨だった。

このメールに驚き、55分後には、返信させていただいた。改めて、趣旨をご説明させていただいた。

『寄付はあくまで個人の自由意志によるものです、と。従って、反対されるのは個人の自由です。反対のOBの方々のお考えも尊重いたします。私のOBへの配慮不足であるとのご指摘であれば、ご寛恕くださいと謝るしかありません。

私は、ＯＢの方々にご迷惑をおかけするつもりはまったくありません。ラグビー部の予算が厳しいのは事実です。スポーツ選手のからだづくりの基本、食生活の充実を少しでも図りたい。そのための苦肉の策です。プロセスとして、部員のアンケート調査を実施し、ラグビー部スタッフ、大学法人、ＯＢ会の幹部の方にもご相談いたしました。

私は何より、部長として、部員のwellbeing（ウェルビーング、心身の健康）づくりを第一に考えております。』

もちろん、大半のＯＢからは好意的なご意見をいただいている。ご寄付をいただいた方のご意見には毎回、心を揺さぶられている。先日はある部員の保護者から、今は亡きご祖父からとご祖母様のお名前で多額のご寄付をいただいた。「ご意見」のところには、こう書かれていた。

「現部員の祖母より。故・祖父の思いを込めて。がんばれ日体大‼」

日体大ラグビー部員はしあわせものである。いろんな方々から愛されている。みなさま、ありがとうございます。

8　新生ニッタイラグビー男子。復活めざす日体大ラグビー、悔しい敗戦にも光明

〔2023・5・29〕

悔しくて、悔しくて。関東大学対抗戦グループでAリーグ（1部）復帰をめざすBリーグ（2部）の日体大が、Aリーグの青学大に1PG差で敗れた。試合後の円陣が解けると、ひたむきに走りタックルに行ったナンバー8、伊藤拓哉主将は空を見上げ、大声を発した。「ウォー！」。悔恨と怒り、充足感が入り混じっていたのだろう。Bリーグに転落しても、鍛え、信じ、挑みかかる気概があるなら、格上のチームにも対抗できる。それが人と人との全人格の優劣を競うラグビーなのだった。

明暗分けたPKからの攻め

5月28日の関東大学春季交流試合。晴れ間が広がる横浜・日体大健志台キャンパスのラグビー場。スタンドには両校のOBほか、日体大の保護者たちの姿があった。沖縄や熊本から駆け付けた母親も。ほのぼのとした学生ラグビーならではの光景だった。

強風が吹き荒れる。タッチフラッグはちぎれそうなほどばたばたはためき、グラウンド周りの木々の枝葉もゆさゆさ揺れた。19－22。日体大は互角以上に試合を進めながらも、同点のラスト3分、風上の青学大にPGを蹴り込まれた。日体大関係者からは嘆息が漏れた。

その5分前。日体大は勝ち越しのチャンスを迎えた。敵陣22メートルライン付近の真ん中でPKを得た。相手にシンビン（10分間の一時的退場）が出されたこともあるだろう、数的優位に立った日体大はPGを狙わず、タッチキックからトライを取りにいった。

そのラインアウトをクリーンキャッチできず、勝機は遠のいた。スポーツに「たら・れば」は禁句ながら……。やはりスコアを考えながらのタイムマネジメントは大事だろう。伊藤主将は「勝ち切れなかったところは課題だと思います」と漏らした。

「（教訓は）ゲームの進め方ですね。相手のほうがゲームの流れを読んで試合をやっていたと思います。キックだったり、すぐに攻めていったり、そのあたりのメリハリをつけて、1点にこだわってやっていきたい」

ディフェンスに焦点「ターンオーバー9回」

秋廣秀一監督、伊藤主将ほか、新体制となった日体大は今季、『Battle』をスローガンに掲げ、日々鍛錬してきた。この日の試合の焦点は、「ディフェンス」だった。とくにブレイクダウン。そこに集中する。バトルする。ゲインラインの前で相手を押し戻す場面が何度もあった。

秋廣監督によれば、ターンオーバー（攻守交代）を「11回」やろうと目標にしていた。結果、9回のターンオーバーがあった。厳しいタックルと激しい集散、（足をかく）レッグドライブ。昨季の不振の理由だったディフェンスは改善されつつある。

秋廣監督の言葉に充実感がこもる。

「勝ち負けはともかく、今日のテーマはある程度、達成できました」

ひと呼吸おいて、こう続ける。

「勝つため、ゲームの流れをどうつかむか。次の大東大に向けて、しっかりやっていきたい」

確かに両チームともメンバーが大幅に違う昨季とは単純比較できない。でも、2022年11月の公式戦は、日体大は12－52で青学大に大敗していた。トライ数が2本対8本。この日のトライ数はともに3本だった。

3本とも、FWで奪った。1本はラックサイドの連続攻撃から、2本はいずれもラインアウトからのドライビングモールを押し込んだものだった。FWの結束、そして意地だった。SH小林峻也副将も効果的なキックを駆使し、周りの選手をうまく動かした。

課題はゲームの運び方

スクラムをみると、間合いやヒットスピードでは日体大優位だった。だが、組み込んだあとの後ろ5人の圧しの持続という点では青学大に分があった。ゴール前チャンスのマイボールスクラムでフッキングのタイミングが合わず、相手ボールとなったのは痛かった。

ラインアウトではロックの岸佑融選手がナイスキャッチを見せていたが、全体として安定性には欠けていた。前半、ラインアウトのドライビングモールをインゴールまで持ち込んだが、パイルアップでボールを押さえることはできなかった。網野正大FWコーチは「風上の前半、やはり取るべきところではどんどん取っていかないといけません」と悔やんだ。

バックスとしては、一番の課題はゲームの運び方だろう。オフロードパスをつないでいくのか、ラックを形成してオフサイドラインをつくって、攻めにリズムをつくるのか。ハンドリングミスは練習でスキルを磨いていくしかあるまい。湯浅直孝ヘッドコーチは「この2カ月で随分、よくなってきています」と手ごたえはつかんでいる。

これで日体大は春季交流戦で通算1勝3敗となった。でも、チームの成長の跡は見てとれる。チームのターゲットが今季1年での『1部復帰』である。伊藤主将は言った。

「こつこつ、毎日、一生懸命やるしかありません」

そう、ひたむきに努力していかないと最後は勝てない。加えて、部員たちの思いをどう、結集していくのか。意思統一だろう。

子を思う親の愛情も後押し

5月28日の夕方、横浜・青葉台駅そばのレストランで日体大ラグビー部員の保護者たちの会合があった。伊藤主将の母や、岸選手の父など、ざっと40名が集まった。新型コロナ感染対策に細心の注意を払いながら。最後は、みんなで声を合わせた。

「がんばれ、ニッタイ！」

「上がるぞ、1部！」

「エイ、エイ、オー！」

これも学生スポーツならではの光景か。子を思う親たちの愛情がまた、日体大ラグビー部の背を押していく。

9　春の陣、復活めざす日体大の収穫と課題とは〔2023・6・12〕

収穫は「フォワードのこだわり」

雨のち晴レルヤである。再生をめざすラグビーの関東大学対抗戦Bリーグ（2部）の日体大が、同リーグ戦Aリーグ（1部）の大東大に19－63で大敗した。でも、持ち味は出した。ゲームキャプテンを務めた3年生SHの伏見永城選手は言った。透明のビニール傘の下で。

「収穫は、フォワードのこだわりです」

6月11日の日曜日。埼玉県東松山市岩殿の大東大ラグビーグラウンド。激しい雨が人工芝を濡らしていた。観客が200人（公式記録）。大東大のファンがメインだが、九州から日帰りで駆け付けた日体大選手の父親の姿もあった。

日体大は、主将の伊藤拓哉選手ら約20人が教育実習で不在だった。メンバーが代わっていたこともあっただろう、組織ディフェンスがうまく機能しなかった。大東大のトンガ出身の強力な両センターに再三、大幅ゲインを許した。結局、9トライを献上した。

課題は「前に出る組織ディフェンス」

日体大の秋廣秀一監督は2022年度まで、大東大のヘッドコーチを務めていた。その古巣に完敗。「悔しいですね」と言葉に実感をこめる。

「ディフェンスのところで受けに回ってしまった。課題としては、メンバーが代わっても、ディフェンスではみんなで前に出てしっかり止めることです」

この日のテーマのひとつがディフェンスだった。とくにワイドブレイクダウン。ワイドに展開したポイントでターンオーバー（攻守交代）を狙う。前の青学大戦で9本を記録したそれは、この日、2、3本に終わった。受け身になる分、2人目の寄りが遅れた。

スクラムでは圧倒

もっとも、春の強化ポイントのひとつであるスクラムでは大東大を圧倒した。スクラムは「起点」であり、ラグビーの「基点」でもある。

白いヘッドバンドの左プロップ築城峻汰選手、青色ヘッドキャップのフッカー萩原一平選手、白色ヘッドキャップの右プロップ久次米洸選手のフロントロー陣がそろってヒット。後ろのロック陣、ナンバー8の押しも前にのって、プロップの背筋が伸びる。両フランカーのくさびも効いて、押しを効果的に前に伝えた。

スクラムをうまくコントロールしたフッカーの萩原選手は「今日はしっかり押せていました」と言葉に充実感を漂わせた。大きな背中が少し揺れる。眉間の傷跡も渋い。

「まだまだ、です。まだまだ、チームとしてよくなれます。押している時にまだ、頭が上がったりしているので、そこを低く我慢すれば、もっと推進力が増すと思うんです。スクラムは（日体大の）武器になります」

この日、マイボールスクラムでは6本も相手のコラプシング（故意に崩す行為）の反則を誘った。前半の終了直前。スクラムでコラプシングを奪い、敵陣ゴール前のラインアウトの好機をつかんだ。攻めて、またスクラム。また連続攻撃。最後は、ラックの右サイドをフッカー萩原選手がついて、トライを返した。

さらには後半中盤。スクラムで相手コラプシングのPKをもぎ取り、タッチに蹴り出し

対大東大戦。ひとつの輪となり、気勢を上げる日体大（提供：森屋朋子さん）

て敵陣ゴール前のラインアウト。ロックの岸佑融選手がナイスキャッチし、ドライビングモールをゴリゴリ押し込んで、フッカー萩原選手が左中間にトライを重ねた。その4分後も、PKからのラインアウトモールを押し込んで、今度はモールに加勢したCTB齋藤弘毅選手が右中間に押さえた。

日体大は結局、3トライ。スクラムでペナルティーを得てタッチキック、ラインアウトからのモールでトライという武器ができつつある。攻守に活躍したロックの岸選手は少し笑みを浮かべ、こう言った。朴とつとした口調で。

「スクラム、モール、いい感じです。ラインアウトも。自信をつかみました」

秋廣監督「50点」

これで日体大は、関東大学春季交流大会Cグループを1勝4敗で終えた（優勝は大東大）。快勝、大敗、苦杯、惜敗、そして完敗。勝敗やスコアはともかく、随所に成長の跡は見える。

春の強化テーマは、スクラムとラインアウトのセットプレー、モール、そして前に出て止める組織ディフェンスである。春シーズンはまだ続くのだが、現時点の評価を聞けば、秋廣監督は手厳しかった。

「100点満点としたら、50点ですか」

でも、その表情は意外と明るい。〝雨のち晴レルヤ〟のごとく。もちろん、チームの成長に手ごたえを感じているからである。

10　努力と汗の結晶。次の100年へ継続――立教大ラグビー部創部100周年

〔2023・6・25〕

スポーツは歴史である。とくにラグビーは仲間づくりでもある。立教大学ラグビー部の創部百周年記念祝賀会が6月24日、都内のホテルで開かれた。日本ラグビー協会関係者ほか、早大、慶大、明大、東大、帝京大、筑波大、法大、日体大ラグビー部などのOB会役員も参列し、脈々と続く立大ラグビー部の営みを祝った。

祝賀会の冒頭、同部のOB・OGクラブの大原俊一会長はこう、あいさつした。

「この100年間、幾多のOG、OBによって、部の歴史は脈々と受け継がれて参りました。それは、その時代時代、ラグビー部に関わった人々の営々たる努力の集積であり、流した汗の結晶であると思います。（中略）いま大切なことは、この歴史を次の100年に向けて継続し、伝統として発展させることであります」

国内7番目の創部。はじめに情熱ありき

ラグビーの起源は、ロンドン郊外のラグビー校でエリス少年がボールを持って走った1823年とされている。その100年後の1923（大正12）年秋、立大ラグビー部が誕生した。日本の大学ラグビーでは、ルーツ校の慶大（1899年）、同志社大（1911年）、早大（1918年）、東大（1921年）、京大（1922年）、明大（1923年）に次ぎ、7番目だった。

1923年といえば、9月に関東大震災が起きた大変な年である。でも立大ラグビー部創部に携わった学生たちには、火のごときラグビーへの情熱があったのだろう。

実は、1923年の春には明大も創部されている。明大OBで、日本ラグビー協会の森重隆名誉会長は祝辞で「来月、明治大学も（創部百周年祝賀会が）ありますので、ひとつよろしく、お願いいたします」と言って笑いを誘った。

「今日は本当におめでとうございます。慶大のあと、大学ラグビー部が次々と産声をあげ、立大は7番目に創部された。ラグビーでは、他のスポーツのようにプロ化、興行化、技術向上が進む中、ルールを超えたフェア精神、レフェリーへの尊重、交流を尊ぶノーサ

イド精神など、とても誇らしく思っています。この100年を振り返る時、僕らの昭和の時代は、死ぬ気でやれとか、指導者に言われ、僕らはみんな血走った目をしてプレーをしていました。でも、鬼のような指導者も本当に熱い心の持ち主ばかりでした。時代は変われど、ラグビー魂とか、仲間とか、思いやりとか、ラグビーの芯のところは、これまでの100年も、これからの100年も、ずっと変わらないものだと、僕は思います」

精神的支柱「立教ラグビー宣言」

ラグビー精神でいえば、立大には「立教ラグビー宣言」なる精神的支柱がある。2005年9月につくられた。

1. ルールの有無に関わらず、常にフェアの精神で、自ら律してプレーします。
2. レフェリーの存在意義を正しく理解し、心から尊重します。
3. ノーサイドの精神を尊び、相手チームに心から敬意を表します。
4. アフターマッチファンクションは、その趣旨に則り、相手チームと積極的に交流します。

5．ホームゲームでは、必ずアフターマッチファンクション開催を提案します。

6．生涯、これらの精神を遵守します。

立大もまた、浮き沈みはあった。戦後の復興を経て、グラウンドの移転問題、入試制度の変更に伴う部員数の減少などで雌伏の時も。1997年に関東大学ラグビー対抗戦グループがA（1部）B（2部）のグループに分かれると、立大はBグループに甘んじた。

立大は2000年度、「現役強化プロジェクト」を発足させ、2002年度、念願のAグループ昇格を果たした。以後、入れ替え戦出場からグループの昇降格を繰り返し、2020年度、Aグループに5年ぶりに復帰した。昨年度は、Aグループで日体大、青学大を破り、初の同グループ2勝を挙げた。目下、全国大学選手権初出場をめざし、チームとOB会一体となって強化と人づくりに励んでいる。

祝賀会では日本ラグビー協会の森重隆名誉会長が祝辞

他校との切磋琢磨、絆を励みに

他校との切磋琢磨を通して人との絆が紡がれていくのだろう。祝賀会には数百人の人々が集った。日体大ラグビー部ＯＢ会の村中宏行幹事（当事）はしみじみと漏らした。Ｂグループに転落した日体大は２０２３年、創部90周年。

「これだけの人々が集まっています。１００周年を迎える大学はすごいですね。10年の差はかなりあります。とても励みになります。まずは今年、Ａグループに上がらないといけません」

余談だが、祝賀会の記念品には銀座木村屋總本店の小さな〝あんぱん〟の5個入り箱も入っていた。同社の5代目社長は、立大ラグビー部ＯＢで監督も務められた故・木村栄一氏である。立大の歴史に思いをはせつつ、ひと口食せば、１００年の汗の結晶を思わせる甘じょっぱい塩味がしたのだった。

11　悔しい敗戦を成長の糧に。収穫はセットプレーとディフェンス――日体大対早大C・D戦〔2023・7・3〕

日体大対早大、プライドの激突

朝からココロがざわついていた。1年の折り返しの7月1日。夏の足音が近づいてきたからではない。僕が部長を務める日体大が、母校の早大と練習試合をするからである。ともに下級生主体のチーム編成とはいえ、プライドをかけた「チャレンジ」のぶつかり合いとなった。未来につながる激闘だった。

早大の本拠、東京・上井草の早大グラウンドである。雨上がりの天然芝が奇麗に整備されていた。一応、「C＆D戦」という形だったが、両チームとも相手に挑みかかる気概にあふれていた。

早大のCチームは先週、大学王者の帝京大を下した充実布陣である。加えて、(レギュラーの)アカクロジャージをめざす成長株ばかりだった。試合前、早大・佐々木隆道ヘッドコーチと言葉を交わせば、自信のほどがうかがえた。

収穫は、準備したディフェンスの実践

でも、日体大はがんばった。試合テーマが、「ディフェンス」、前に出て止めるタックルだった。前半の〝青ゼブラ〟ジャージも、後半の〝赤ゼブラ〟ジャージも、厳しいタックルを見せてくれた。こちらの胸も熱くなった。

この日、秋廣秀一監督は関東ラグビー協会のオールスター戦の準備のため不在だった。代わって指揮した湯浅直孝ヘッドコーチも、「体力が足りなかったのはシンプルに(課題として)受け止めないといけない」と言いながらも、ディフェンスに関しては満足そうだった。

「やろうとしたこと、ディフェンスでの前に出てのプレッシャーというところは、みんなよく表現してくれました。ただ、点としてみたらすごくがんばっているけど、それが何

回、継続できるか……。継続性がまだまだ、ですね」

前後半でメンバーは入れ替わった。どちらのハーフとも、日体大がトライを先取した。前半16分、スクラムをぐいと押し込んで、相手のディフェンスの出足を鈍らせ、SH伏見永城選手が右スペースへ持ち出した。CTB嘉藤匠悟選手につなぎ、WTB重見竜之介選手が右中間に飛び込んだ。ナイス・スピード！

スクラム、ラインアウトは安定

それにしても、スクラム、ラインアウトは安定していた。ベンチで観戦した伊藤拓哉主将は「収穫は、FWのセットプレーです」と振り返った。「統一されたディフェンスにも、上のチームが刺激されますね」。ディフェンスでいえば、ロック石塚翔真選手、フランカー家登正旺《かとまさあき》選手、ナンバー8岡部義大《よしひろ》選手の「コクトチ（國學院栃木高）トリオ」のタックルは強烈だった。めちゃアツい。出身校の吉岡肇先生の熱血指導のたまものだろう。

トライ数は、前半が日体大1本で早大3本、後半は日体大2本で早大5本だった。スコアは差がついたが、接点、球際の厳しさはほぼ互角だった。ただ、パスなどの基本スキルやイーブンボールへの反応、そして体力が課題として残った。

加えて、目に見えない勝利への執着の差だろうか。いわゆるプライドの強弱である。早大のスローガンが『ワセダファースト』である。ふだん、日本で一番練習しているとの自負である。大学日本一をめざしているとの覚悟である。もちろん、『日体プライド』も垣間見えたのだが。

幸せそうな親子3人のワンショット

後半、最初のトライはＣＴＢ鈴木一平選手のナイスランだった。授業態度も練習同様、真面目な好青年である。腰痛で戦列を離れていたが、復帰戦で光り輝いた。ラックからの左オープン。相手のラインディフェンスのずれを突くカットインから、約40メートルを走り切った。試合後、「ナイストライ！」と声をかければ、一平選手は汗だくで笑みをこぼした。「ありがとうございます」と。

「（トライは）得意のコースでした。復帰戦として、いい経験になりました。自分としては負けていない感じでしたが……。後半残り20分のフィットネスが課題ですね」

早大から学んだ点は？　と聞けば、一平選手はこう、即答した。

「ボールへの嗅覚です」

実は一平選手のご両親がグラウンドに来ていた。母はフォトグラファー役である。ラグビー経験がある父が「スピードは生かしていました。バックアップのディフェンスはよくいっていたと思います」と褒めれば、母は成長した息子をうれしそうにカメラに収めていた。

一平選手がトライをしたインゴールあたりで、保護者仲間が親子3人の写真を撮った。「はい、チーズ！」いい光景である。

気分はどう？　一平選手が真顔で漏らした。

「むちゃくちゃありがたいです。結果を残して、親孝行したいです」

それを聞いた母が顔をくしゃくしゃにした。

ほのぼのとした鈴木ファミリー（提供：鈴木さとみさん）

「あ〜〜。涙が出てきた」。

つくづく思う。いまの時代の学生ラガーは幸せだな、と。多くの学生が、保護者から深い愛情をそそがれている。これは断言できる。子どもは親への感謝を知れば知るほど、目に見えぬ〝がんばる力〟が増していくのである。

12 1部復帰へ。現役、大学、OB会の三位一体で——日体大ラグビー部創部90周年の集い

〔2023・7・26〕

おお、おお、ニッタイ♪ ニッタイの勇者♪

日本体育大学ラグビー部の「創部90周年を祝うOBの集い」が7月22日、都内・世田谷区の日体大キャンパスのレストランで開かれ、ラグビー部の部歌が響きわたった。約60名のOBのほか、現役部員の幹部も参列し、脈々と続く日体大ラグビー部の営みを祝った。

ＯＢの柴田紘三郎さん「やればできる」

長年監督を務められた柴田紘三郎さん（１９６６年卒）はスピーチで、かつて指導した学生たちを「戦友」と表現した。言葉に魂が宿る。

「恩師といわれていますが、私は彼らを戦友だと思っています。ともに戦った。勝った時も負けた時も、（部員が）夜逃げした時もあります。でも、いつも必死。本当にいい人生でした」

続けて、「やればできる」と現役部員に熱いエールをおくった。

「やってできないことはない。日体大には日体大のラグビーがあっていいじゃないか。周りをマネする必要はない。ＯＢの方々も、是非とも、戦友として現役を激励してほしい」

正式創部１９３３年も、１８９９年頃から活動

正式な創部は１９３３年。ただ、来賓として参列した石井隆憲学長によると、日体大の

前身の体操学校時代の1899年頃にはラグビーの活動が行われていた記録があるという。1899年といえば、日本のルーツ校の慶大にラグビー部が誕生した年である。石井学長は祝辞で、「日体大も非常に古くからラグビーをやっていたのでしょう」と言い、こう言葉を足した。

「私の学生の頃は、日体大などの4強時代でした。何度か応援に行ったことを覚えています。今日はみなさん、旧交を温めくださない。また、ご指導ご鞭撻をお願いいたします」

続いて、運動部を束ねる学友会の水野増彦会長が乾杯の音頭をとった。「早く1部に昇格していただきたい。かつて日体大の箱根駅伝優勝のあとに天皇杯ラグビー（日本選手権）で優勝したこともある。そういう時代がまたくるように。心をこめて乾杯！」と。

創部の年生まれの90歳の本多聖さんも

この日は、ラグビー部正式創部の年に生まれた90歳の本多聖さん（1957年卒）やOB会の山本征治顧問（1961年卒）、鈴木祐司名誉会長（1970年卒）、西坂啓二会長（1972年卒）らの役員ほか、日体大の黄金期の主将で、帝京大の黄金時代も築いた岩出雅之さん（1980年卒）らの名指導者も出席。全員が短く、マイクを持ってあいさつした。室内の熱量が上がった。

日体大は、1969年度、1978年度と2度、全国大学選手権で優勝している。1969年度には日本選手権も制した。戦績の浮き沈みはあれど、輝かしい歴史は、その年、その年のラグビーに関わった人々の営々たる努力の集積であり、流した汗の結晶であった。とくに日体大ラグビー部は人をつくってきた。高校、大学の指導者を多数、輩出してきた。つまり、日体大ラグビーが日本ラグビーの礎をつくってきたと言っても過言ではなかろう。だから、日体大ラグビー部が強くないと、日本ラグビーの発展は難しくなる。

秋廣監督「ことし1部に上がる」

僕は部長として、この輝かしい歴史を持つ日体大ラグビー部の部長となったことに、ご縁を感じるとともに、責任、覚悟、そして誇りを抱くのだった。

祝賀会の最後、秋廣秀一監督らスタッフと現役部員幹部が会場の前に並んだ。秋廣監督はこう、あいさつした。

創部90周年を祝う集いには全国各地から OB が集まった

「90年という歴史ある、重み、伝統あるラグビー部を、私がこのタイミングでかじをとらなければいけないことに対し、非常に重い責任を感じています。目標として、今年1部（対抗戦Aグループ）に上がるということしかありません。チームをフルモデルチェンジして絶対、対抗戦1部に上がります」

続けて、伊藤拓哉主将。

「対抗戦A昇格に向けて、部員一同、全力で戦っていきたいと思います。引き続き、熱いご声援ご支援、どうぞよろしく、お願いいいたします」

ハートフル、かつアツい、アツい祝賀会だった。日体大ラグビー部の復活は、スタッフ&学生部員、大学、ＯＢ会の三位一体のがんばりしかあるまい。

第2章　1部復帰に団結

13　日体大ＯＢの熱量に触れて　〔2023・8・13〕

かつてない猛暑が続く夏、長野・菅平高原に登った。幾多の高校、大学の合宿の真っ最中である。雲ひとつない青空が広がる。燦燦と降りそそぐ陽光。高原ならではの涼風に吹かれながら、グラウンドを歩くと、ひたむきな高校生ラガーの姿にこちらの胸も熱くなった。

それにしても、強豪高校の指導者は日体大のＯＢの多いこと多いこと。佐賀工業高校の小城博総監督や國學院栃木高校の吉岡肇監督、東京高校の森秀胤《ひでつぐ》前監督……。どの方も熱い心の持ち主ばかりである。

ラグビーは教育の一面もあると思っている。日体大のＯＢが教員として全国各地に散らばり、子どもたちにラグビーを指導してきた。つまるところ、日体大が日本ラグビーのベースをつくってきたのだな、とつくづく思う。

菅平高原。高校ラガーの練習を見守る秋廣監督（右端）

日体大ラグビー部は２０２３年、創部90周年である。ご縁をいただき、僕はその伝統あるラグビー部の部長に就かせていただいた。これは、誇りである。

８月11日の「山の日」の祭日の夜、菅平で夏合宿を張っている高校の指導者たちの懇親会に寄せていただいた。幹事役の森さん、岡谷工業高校の勝野大《だい》監督、ありがとうございました。

ラグビー指導者として、また教育者として尊敬する中村誠先生もご参加された。日体大を１９５９（昭和34）年に卒業され、國學院久我山高に奉職し、黄金時代を築かれた名将である。僕の共同通信記者時代、何度か全国高校大会で取材させていただいた。

「ニッタイをぜひ、復活させてほしい」。中村先生はそう、熱っぽく語られた。2022年度、関東大学対抗戦グループ2部に落ちた日体大ラグビー部へのエールである。もちろん学生自身が一番悔しいだろうが、OBたちも同じく悔しい思いを抱かれているのだろう。

懇親会では、昔話にも花が咲き、ワイワイガヤガヤ、時には笑い、時には感動させてもらった。どの大学も同じだろうが、その年、その年の努力の集積、流した汗の結晶があればこそ、OBたちの絆は深く強いものがあるのだろう。いい雰囲気だった。よき晩だった。

僕は部長として密かに心で誓ったのだ。こういった強豪高校の指導者たちが、教え子たちを進学させたくなるニッタイ・ラグビー部の環境づくりに邁進しようと。

懇親会には、現スタッフの秋廣秀一監督、湯浅直孝ヘッドコーチも参加した。最後、秋廣監督はこう、大声で宣言した。力強く。

「1年で必ず、1部に復帰します!」

14　闘魂注入。ラグビー部が強豪レスリング部と合同練習

〔2023・8・16〕

闘魂注入——。復活をめざす日本体育大学ラグビー部が夏合宿直前、国内屈指のレスリング部との合同練習に挑戦した。部員は誰もが自分の弱さを知り、闘争心に火が付いた。

4年ぶりの合同練習は、レスリング部の松本慎吾監督の日体大ならではの互助精神により実現した。ざっと2時間、柔軟体操から始まり、マット運動や、2人組、3人組で身体的負荷をかけたり、追い込みで走ったりなどのメニューが続いた。ジャンプ、ステップ、差し押し……。見る間にマットには汗のたまりができ、その都度、モップでふき取っていく。

松本監督やコーチの声が飛ぶ。

「どんなにきつくても両ひざに手を置くなよ」

「自分に妥協するな～」

「あご上げて」

タックル、タックル、タックル

8月13日。横浜・健志台キャンパスのレスリング場は学生たちの熱気が充満した。ラグビー部員が約80人、レスリング部員は約60人。レスリング部員は自分のからだをコントロールする能力に優れている。その柔軟性やからだの使い方、運動能力の高さに圧倒され、ラグビー部の伊藤拓哉主将は「(レスリング部員は)人間じゃないですよ」と漏らした。

タックル練習では、北京五輪銀メダリストの湯元健一コーチが実践指導してくれた。ラグビーに直結するスキルである。その極意を聞けば、湯元コーチは「倒す時の力をひとつに集結させることです」と説明した。

まずは目線を上げた低い姿勢でからだを寄せる。足は前後にずらし、片手で相手のひざをとる。右足を前に出すなら、頭は左に向ける。胸をかける。足を蹴って、手をひねって、一気に倒す。ドンッ! 大事なのはこのあとだ。ひざを立て、すぐに起きる。次の動作に移る。

熱気があふれるラグビー部とレスリング部の合同練習

最後は、スパーリング。ラグビー部員がパワーで押し切ろうとすると、ボディーバランスがいいレスリング部員に倒される。ラグビー部の秋廣秀一監督に次いで、僕も湯元コーチにチャレンジすれば、前に出た瞬間、宙に回されてしまった。コテンパンにやられた。強いのなんのって。年齢差はともかく、さすが五輪メダリストである。

心技体

レスリング場の壁には「心技體」と墨字で書かれた書道紙が額に収まっている。練習後、汗びっしょりの伊藤主将は「心技体の大事さを学びました」と言った。

「トップレベルで戦うレスリング選手たちは、練習での意識やどん欲さが違うことを実感しました。相手に対して、絶対に弱みを見せない。技の部分では、足の詰め方、指のひねりなど細かいスキル。体力がいかに重要かということも勉強になりました」

秋廣監督はこうだ。恒例の夏の長野・菅平高原合宿は8月17日に始まる。

「部員たちは、日本一のレスリング部から、動きのアジリティ（俊敏性）やタックルしたあとに起き上がるはやさを学ばせてもらった。この合同練習を、ラグビー部が強くなるきっかけとして、夏合宿に臨みたい」

日体魂に支えられ

それにしても、レスリング部の協力はありがたい。他競技との合同練習から得るものは大きい。感謝の言葉を伝えれば、松本監督はこう、応えてくれた。

「（日体大入学の）18歳からここにいる人間ですから。日体大のいろんな運動部の流れを見てくる中で、レスリング部もそうだし、ラグビー部もそうだし、いろんな部が強くあってほしい。こういう横のつながりがあって、（合同練習を）お願いされれば、いくらでも時間を割かせてもらいます。やっぱり日体大として、一緒にがんばりたい、強くなりたい、それだけです」

日体魂は健在なり。レスリング部のみなさん、改めてありがとうございました。

15　大学ラグビー夏の陣、スタート。いざ日体大もスイッチ・オン！

〔2023・8・19〕

いざスイッチ・オン！

燦燦と降りそそぐ陽光、高原ならではの涼風が吹く。夏のラグビーの聖地、長野県菅平高原にラガーたちの掛け声が流れる。激しいバトル、飛び散る汗。復活をめざす日本体育大学ラグビー部の夏合宿がこのほど、始まった。

夏のラグビーの聖地、菅平高原は空が高い

18日の午前練習。ざっと90人。部員の円陣の中で、伊藤拓哉キャプテンが声を張り上げた。

「チャレンジするぞ！」

ひとつひとつの練習メニューに、練習試合に。いや自分の限界に。試練のハードワークだ。この合宿で積み重ねた努力の集積と流した汗の結晶が秋シーズンのチーム力の伸び幅につながる。

「OBだって悔しがっている」

この日は、ラグビー部OBや保護者の姿もグラウンドにあった。大阪の西坂啓二・前OB会会長も「激励金」を持って、来てくれた。練習の開始前、全部員を前に檄を飛ばした。2022年度、関東大学対抗戦グループのBリーグ（2部）に転落。

「現役もだろうが、OBだって悔しがっている。その悔しさを今年、晴らしてほしい。

絶対に今年、Ａ（1部）に上がってほしい。夏合宿のがんばりが絶対、秋に結び付くぞ」

ストレッチからラン、パス、コンタクト練習と続く。ブルーのハンドダミーを抱えた相手に対し、カットイン・ショートで走り込む。からだを沈め、激しくヒットする。駆け抜ける。

湯浅直孝ヘッドコーチの声が飛ぶ。

「スピードをチェンジしないと意味ないぞ！」

「スピード、スピード」

「入る瞬間、沈む！　タックルくるよ」

学生トレーナー「緊張しています」

からだを傷める選手がいれば、グラウンド周りにいる渡辺清ヘッドトレーナーや学生トレーナーたちが飛んでいく。

学生トレーナーの深津乃愛さんは3年生。2年途中にけがでライフセービング部を辞め、ラグビー部のトレーナーになった。からだのケアや他人のけがを予防し、がんばっている人を応援するのが好きなのだろう。

深津さんの動きもまた、メリハリが効いている。ご気分は？　と聞けば、明るく言い放った。

「私も緊張しています」

秋廣監督「120％の挑戦」

秋廣秀一監督は、この夏合宿を「セレクションの場」と位置付けている。

「秋のシーズンに向けての、激しいポジション争いをしてほしい。自分に妥協せず、自分に厳しく。自分でレギュラーを取りにいく。いわば、120％の挑戦です」

合同練習で意地が激突

午後は、國學院大學ラグビー部の専用グラウンドに行き、合同練習だった。練習直前、秋廣監督が円陣で声を出した。

「スイッチ・オンで行きましょ」

東芝で活躍した伊藤護さんが指揮をとる國學院大學はリーグ戦グループB（2部）、日体大が対抗戦グループB。いずれもA（1部）入りをめざす立場は似ている。必死なのだ。タックルあり、コンタクトありの、試合さながらのアタックディフェンスでは互いの意地とプライドがぶつかった。

日体大は最初こそ、受け身だったけれど、途中でセンターの甲斐倖ノ助選手の猛タックルが炸裂、他の選手の魂に火を付けた。

タックル、タックル、またタックル。倒れてもすぐに立ち上がり、自分のポイントに戻る。それぞれのポジショニングも改善され、ダブルタックルもよく決まった。

夏合宿。他大学との切磋琢磨がつづく。

迫力のスクラム練習

その後は、FW、バックスに分かれてのユ

ニット練習。スクラムは見ごたえ十分だった。フッカーの戸松佳翔選手、プロップの髙山達也選手、由地蓮選手、吉田伊吹選手らが汗だくになりながらも、國學院大FWをぐいぐい押し込んだ。

「ラスト！」。國學院大學ラグビー部のスポットコーチを務める笠井建志さんの声が飛ぶ。東芝のスクラムの支柱として活躍した元日本代表プロップ。ラストと言いながら、あと1本、あと1本と本数が増えた。

伊藤主将「思い通りにいかないことも」

やっとで合同練習が終わる。真っ黒に日焼けした伊藤キャプテンは言葉に充実感を漂わせた。

「久しぶりの実戦形式の練習でした。違う大学を相手にからだをぶつけ合うと思い通りにいかないことがたくさんありました。そこが課題です」

帰り支度を始めると、遠くの山を覆う黒い雲から雷の音が聞こえてきた。しばらくすると、激しい夕立が降り出した。からだの火照りをしずめるかのごとく。

「スリー・チアーズ・フォー」

翌日、8月19日の土曜日。朝、寝ぼけまなこの部員がぞろぞろ、グラウンドに出てきた。

午前6時。練習が始まった。

冒頭、秋廣監督が声を出した。

「さあ、みんなで成長を続けましょ」

同監督は、この夏合宿の練習ゲームから、試合後、エールの交換をしようと提案した。

ラグビーのよき文化を復活させようと。

みんなで練習だ。リード役がうまく言えず、笑いの渦ができる。

「スリー・チアーズ・フォー、○○○（対戦相手）」。ゲームキャプテンが続けて、親指を横から上に立てる。「ヒップ、ヒップ」。他のメンバーが全員、声を合わせて、「フレー、フレー」と親指を立てる。

さあ、みんなで一緒に。

「フレー！　フレー！」

日体大の夏合宿は8月28日まで。あえて厳しい鍛錬に挑戦することで、選手もチームも劇的な成長を遂げるのだった。

16　高原に咲いた信頼——日体大ラグビー部、菅平夏合宿打ち上げ

〔2023・8・28〕

充実の夏合宿の打ち上げである。長野・菅平高原である。まぶしい陽光、随分と涼しくなった高原の風。真っ黒に日焼けした日体大ラグビー部員たちに笑顔がはじける。

菅平のメインステージともいえるサニアパーク、その小高い位置のBグラウンド。部員の円陣の中で、伊藤拓哉キャプテンが一本締めで締める。

「イヨーオッ!」

はい、みんなで両手を強くたたく。パァ～ン。合宿が終わった解放感からだろう、次々と歓声が沸き起こった。

夏合宿終了。笑顔の日体大部員（提供：大野清美さん）

「ウォー！」

「ヤッタ〜‼」

「イェ〜！！！」

キャプテンはいつも全力である。からだを張る。その熱血漢が夏合宿を総括した。

「合宿の成果は、まとまりのところでしょうか。どのカテゴリーの試合に対しても、全員が情熱を持って取り組めたと思います。最後、いい形の勝利で終わってよかったなと思います」

個人的には？　と聞けば、主将は「もっと」と語気を強め、右手でカラになったパイナップルジュースの紙パックを握りつぶした。

「もっともっと、フィットネスを上げていきたい」

中京大を圧倒。秋廣監督「ナイスゲーム！」

8月27日。夏合宿最後の試合の相手は、古豪の中京大だった。40分の3本勝負。日体大、中京大とも、Aチーム、Bチームの混合でそれぞれメンバーを編成した。最初の2本が、前後半のメインゲームという作りだろうか。

炎天下の午後零時半、キックオフである。31－5、31－7、14－5と日体大は相手を圧倒した。1本目、2本目を通常の試合の前後半とみると、62－12となる。3本トータルだと、76－17となった。

スコアはともかく、試合内容がよかった。最後というのもあるだろうが、日体大はみんな、相手に挑みかかる気概に満ちあふれていた。接点で当たり勝った。ブレイクダウンでファイトした。

フィジカルバトルとつなぎの意識、ひとりひとりがよく前に出たのである。スクラムでこそ、苦しんだが、攻めにリズムがあった。今季のチームスローガン、『Battle』を体現したのである。

試合後の円陣で、秋廣秀一監督が開口一番、こう言った。

「ナイスゲーム！」

監督は、真っ黒に日焼けした顔をくしゃくしゃにした。部員の顔をひとりひとり見ていく。言葉を継ぐ。

「今日、ひとつわかったのは団結力です。チームがまとまるということで、こういったゲームができるのです。ネガティブワードをなくし、互いのポジティブな声掛けも効果的でした。よかったと思う。この調子で、シーズンもやっていきましょう」

湯浅ヘッドコーチ「トライの取り方もディフェンスもよかった」

湯浅直孝ヘッドコーチも笑顔だった。合宿での練習の成果が出たからだろう。ゲームプランがほぼ遂行できたからだろうか。こう、円陣で声を弾ませた。

「今日は、トライの取り方もよかったし、ディフェンスもやろうとしたことはできたと思う。いい合宿だった。練習でやったことを忘れずに、これからも継続していこう！」

勝つっていい。勝つことでチームはぎゅっとひとつになる。

秋廣監督の言葉通り、『団結の勝利』だった。キックオフ直後、相手ボールのラインアウトのミスを突いて、逆襲した。SO小田晴陽選手がディフェンスラインのスキを逃さず突いてゲインする。順目の右に回して、CTB齋藤弘毅選手が快足を飛ばして右隅に先制トライを挙げた。

その5分後、またも相手ボールのラインアウトをターンオーバーし、プロップ吉田伊吹選手が突進し、好フォローしたロックの石塚翔真選手が右中間に飛び込んだ。

もうイケ、イケだった。モメンタム（勢い）に乗っていく。練習通り、順目、順目のいいテンポで回して、最後はフッカーの萩原一平選手がボールを持つ左手をぐいと伸ばしてトライ。前半15分でなんと4トライを先行したのである。

攻撃ばかりではない。ディフェンスも面となっていた。とくに地味ながらも、フランカー大竹智也選手の猛タックルはいぶし銀の輝きを放っていた（実は途中でヒタイを裂傷し、麻酔なしで4針縫ったそうだ。「めちゃくちゃ痛かったです」とは泣き顔の大竹選手）。

前半20分、中京大のWTBに走られ、1トライを返された。でも、すぐに反撃に転じる。

つないで、この日絶好調のＣＴＢ齋藤弘毅選手がタックルを受けたあと、ピック＆ゴーでゲイン。ロックの好漢、岸佑融選手が大きなスライドでポスト下にトライした。ゴールも決まって、31－5と大量リードしたのである。

菅平高原では練習試合に明け暮れた

また、前半途中、ＳＨ小林峻也選手が負傷退場し、日高柊《しゅう》選手が交代で入った。日高選手のエリアを稼ぐハイパントは絶妙だった。

唯一の反省は、スクラムだろうか。外からステップアウト気味に内側に組み込んでくる相手1番（左プロップ）に右プロップの吉田選手がうまく対応でなかった。これは吉田選手だけではなく、フッカーの萩原選手の寄り、左プロップの高山達也選手との結束が大事になる。要は、ＦＷ８人がパック（固まり）となれるかどうかだろう。

保護者「信頼関係を感じます」

この日もグラウンド周りには保護者の姿が目についた。遠方より、菅平まで応援に駆け付けてくれたのだ。感謝、感謝である。部員たちは応援されることでよりがんばれるのだ。いい光景だった。

この日活躍したFB大野莉駒《りく》選手の両親もいた。試合前、2023年度のチームの印象を聞いた。

「今年はどうですか？」

「昨年と比べ、チームの雰囲気が随分とよくなったと聞いています。明るいんです。互いの信頼関係を感じます」

4年生のキーワード「自己犠牲」

戦い済んで日が暮れて。

ご馳走の夕食のあと、近くの食堂で4年生のスペシャルミーティングが開かれた。チームの団結をつくるチームビルディングの一環である。4年生21人中、けがなどによる合宿不参加者を除く16人が集まった。

秋廣監督、渡邊徹コーチも参加した。ふだん思っていることを打ち明け、ポジティブなディスカッションは熱を帯びた。笑いが絶えない。4年生がまとまらないと、どうしたって『ワンチーム』にはならない。

最後、よしっ、4年生だけの合言葉をつくろうとなった。

「つながり」「奮闘」「貫徹」「絆」「笑顔」「命がけ」「圧倒」「責任」……。いろいろな言葉が飛び交い、最終的にこう、決まった。

「自己犠牲」

4年生は2022年、悔しい思いをした。チームは2部に降格した。2023年の目標はもちろん、『一部復帰』である。そのためには、最上級生は自己犠牲をするしかないぞ、との覚悟なのだろう。いわば「フォア・ザ・チーム」である。

シーズンでも、勝って、みんなで喜ぶ姿を

若者の熱に触れると、どうしても文章が長くなる。夏合宿は、きっとチーム変ぼうの契

機となるだろう。

さあ、勝負のシーズンに移る。ここからは、信じたやつが勝つ。己を、仲間を、チームの勝利を。

そういえば、最後の中京大戦でこんなシーンがあった。

管制塔の上から一緒に試合を見ていた学生コーチ（分析担当）の4年生、朽木泰智選手がつぶやいたのである。視線の先にはノーサイド直後、喜ぶ仲間たち。

「僕は、いつも、勝って、みんなが喜ぶ姿が見たいんです」

ああ、ここに信頼がある。夏合宿中、63歳の誕生日を迎えたオッサン部長の涙腺がつい、緩んだのだった。

【夏合宿の戦績】

○	日体大CD vs 東京外国語大学	100－10
●	日体大A vs 大阪体育大学A	22－41
○	日体大B vs 大阪体育大学B	22－0

○日体大ＣＤ　vs帝塚山大学　40－5
●日体大ＣＤ　vs愛知学院大学　10－22
●日体大Ａ　vs福岡工業大学　26－47
○日体大ＣＤ　vs山梨学院大学ＣＤ　56－12
○日体大ＡＢ　vs中京大学　76－17

17　感謝、感謝の栄養満点「ふっきメシ」──日体大ラグビー部のスタミナ弁当スタート

〔２０２３・９・１〕

1部復帰必勝メシ（ふっきメシ）

いただきま～す。暑い夏が過ぎゆく8月31日、関東大学対抗戦Aグループ（1部）リーグ復帰をめざす日体大ラグビー部男子の秋シーズンが始まった。横浜・健志台キャンパスのグラウンドで練習したあと、部員たちは大学の食堂『選手村』でボリュームたっぷりの

ふっきメシにラグビー部員の笑顔も広がる

スタミナ弁当を平らげた。名付けて『1部復帰必勝メシ』、略して「ふっきメシ」。お腹いっぱいのラグビー部員に笑顔が広がる。感想を聞けば、みんなの声が弾んだ。「メチャクチャ、おいしい」「タンパク質をずしりと感じます」「シンプルに、食費がかからないのが助かります」「これでベンプレが20キログラムアップしそうです」

からだづくりの基本は、食事、睡眠、トレーニングにある。とくに栄養ある食事を朝昼晩3食きちんと摂ることは重要だろう。これまで朝・夕食はラグビー部徴収の食費分で提供されてきたが、昼食は各自に任されていたため、部員によってはおろそかにしてきたようだ。そこで1部に復帰するためのからだをつくろうと、栄養を考えたスタミナ弁当をラグビー部が無料提供することになった。

ざっと90人分。

保護者、ラグビー部OBらの寄付で

経費は、保護者や日体大ほか早大、慶大、明大、東大などのラグビー部OB、日体大教職員からの寄付で賄った。「いただきます」という言葉には本来、料理の食材となった自然の恵みへの感謝がこめられている。また料理をつくってくれた人や関わった人への感謝の気持ちも含まれている。部員たちは、応援されることでがんばれるものだ。

タンパク質、カロリーがたっぷり

この日のふっきメシは、メインが鶏ムネ肉のチキンカツと蒸し野菜と豚肉のポン酢和えで、これに400グラムの大盛りごはんと120グラムの山盛りサラダが付いた。カロリーがざっと1300キロカロリー、タンパク質が70グラムというから、普通のコンビニの弁当のそれぞれ2倍以上の量、栄養となる。

ふっきメシを担当する株式会社「ガクメシ」の営業部長で、フードコーディネーター1

級資格を持つ秋岡光さんは「強いからだづくりのためにタンパク質量にこだわったアスリート弁当です」と説明する。

「タンパク質をたくさん摂ってもらって筋力をつけてもらいたい。厳しい練習にも耐えられるカロリーを十分に提供させてもらいました」

食事を終えたラグビー部員たちから、「おいしかったです」と声をかけられると、秋岡さんはうれしそうにこう、漏らした。

「やりがいがあります」

「たくさん食べて、絶対1部に上がります」

確かに、無料の昼食提供には賛否があった。日体大OBからは「昼飯ぐらい自分のカネで食べさせろ」との声も。でも、「学生が闘う、たくましいからだづくりのために」とラグビー部が『昼食補助プロジェクト』を開始すると、予想以上の寄付金が集まった。部員は感謝を知り、自分たちの存在意義を感じることもできるだろう。

あるラグビー部員が言い切った。

「僕らは幸せモノです。昼食をたくさん食べて筋力アップし、絶対今年1部に上がります」

ふっきメシは、12月上旬の1部・2部リーグ入れ替え戦の前日まで、無料提供されることになっている。

18 規律乱れるも、余裕の開幕2連勝——成長途上の日体大

〔2023・9・24〕

ラグビーワールドカップでも、関東大学対抗戦Bグループでも、どんなステージでも、勝負に挑む選手たちの気概は変わらない。A復帰をめざす日体大が、昨年B7位の学習院大に57−19で大勝し、順当に開幕2連勝とした。ひと安心である。

秋分の日の9月23日。暑さも少し和らいだ。フランスからの帰国直後、僕は時差ボケ頭をひっさげ、東京は目白の学習院大グラウンドに向かった。場所をネット検索すれば、

「JR目白駅から徒歩30秒」とある。サン・ジュウ・ビョ〜ウ。実際、腕時計で測ったら大学正門まで52秒だった。

まあ、そんなことはどうでもいいのだ。グラウンドは薄茶の高層校舎と緑の木々に隣接した綺麗な人工芝である。さすが、多くのロイヤルファミリーの母校である。高貴な風情が漂っているのだ。

日体FWがセットプレーで圧倒

グラウンドでは、気力充実の日体大の学生たちから覇気が発散されていた。掛け声も元気いっぱい。いいぞ、いいぞ。ニッタイ、ボールで午後3時キックオフ。「ふっきメシ」の効果だろうか。たくましいニッタイ・FWが怒とうの攻めを仕掛けた。

「ファースト・タックル！」とグラウンド周りの部員から掛け声が飛ぶ。この日の「プレーヤー・オブ・ザ・マッチ（POM）」となるフランカーの大竹智也選手、ロックの逢坂侑大選手がダブルタックルで相手をつぶす。主将の伊藤拓哉選手がからだを張る。センター勝目龍馬選手が猛タックルで相手ノックオンを誘った。

日体ボールのファーストスクラムである。ぐいぐい押し込んで、コラプシング（故意に崩す行為）の反則をもらった。ＰＫをタッチに蹴り出して、このラインアウトからのドライビングモールをぐりぐり押し込んで、左中間にトライした。開始わずか４分。ゴールも決まって、７点を先取した。

もうイケイケ、どんどんである。前半７分、10分と、同じくモールを押し込んで、トライを重ねる。前半20分には、ＳＨ小林峻也選手が相手陣形をよく見て、敵陣ゴール前にゴロキックを転がし、左ウイングの辰己一輝選手が左隅に押さえた。

25分に、もういっちょ、ラインアウトからのドライビングモールでトライを加えた。その後、相手にトライを許したが、前半38分、左右に展開し、ＳＯ小田晴陽選手が大外オープンに蹴って、ウイング辰己選手がジャンプして内側にボールを弾き、ＦＢ大野莉駒選手が捕ってインゴールに飛び込んだ。ナイス！　連係。

地味ながらも、ラインアウトでのロック岸佑融選手のがんばり、突進も光った。

前半終了間際、１トライを返され、40－12で折り返した。なんだか、嫌な流れである。

この日の空模様のごとく、晴れ間が見えたと思ったら、小雨ぱらつく曇天になったようなものだ。後半は、リズムが悪くなった。

ペナルティーがなんと20個

攻めに迷いが出たからだろうか。FW戦だけでなく、もっとテンポよくバックスでトライを取りたくなったからだろうか。チームの結束が崩れれば、相手に逆襲のスキを与えることになる。

「規律」である。後半開始10分でスクラムのコラプシングやハイタックルなど、日体は4つのペナルティーを相次ぎ犯してしまった。試合では、なんと20のペナルティーである。これではリズムに乗れない。メンバーを入れ替えたこともあり、どうもスピードあるアタックがちぐはぐしてきた。

後半最初のトライは、学習院大にモールを押し込まれたものだった。それでも、SO小田選手がインターセプトから40メートル走り切ってのトライを加え、ノーサイド寸前にはSO小田―FB大野―WTB辰己と、日体らしいつなぎでダメ押しトライを奪った。収穫と反省と。小雨が選手たちの火照ったからだを癒す。

勝って反省

秋廣秀一監督や湯浅直孝ヘッドコーチの表情は硬いものだった。いつも、Aグループの大学との勝負を意識しているからだろう。

秋廣監督は「フラストレーションのたまった試合でした」と漏らした。

「セットプレーはよかったんですけど、ブレイクダウンのところで反則を多く取られました。規律ですね。20個も反則をしていたら……。テンポが悪くなりました」

伊藤主将はこうだ。

「勝ったという結果はよかったです。でも、全員、（大量リードに）甘さが出て、受けた部分があったと思います。基本に戻って、またがんばっていきたい」

スクラムを押しながらも、コラプシングの反則を犯した髙山達也くんは「イケるイケるで行っちゃったんで、たぶん、相手の小細工に引っかかってしまいました」と反省し、「自分たちのスクラムの形をしっかりつくっていなかったんです」と言いました。

学習院大を破り、お決まりの雄叫び（提供：森屋朋子さん）

ハイタックルは下半身にも注意

それにしても、反則が20とは。アフターマッチファンクションで試合の笛を吹いてもらった山形壮平レフェリーに話を聞いた。日体選手のどこが悪かったのでしょうか、と。

とくにハイタックルの反則である。ラグビーのルールでは「タックルは肩の線より下」と決められている。でも、最近は「胸より上はハイタックルの反則」と解釈が変わっている。故意かどうかは関係なく、ハイタックルに関してはシンビン（10分間退場のイエローカード）となることも珍しくはない。

日体はこの試合、何本もハイタックルの反則を取られた。山形レフェリーによれば、接触位置はもちろん見るが、下半身の姿勢にも注目するそうだ。タックルに行く際、腰を下げているか、ひざを曲げて、低く行こうとしているかどうかだそうだ。

タックルの位置が微妙な場合、下半身が沈んでいなければペナルティーを吹くことになる。つまり、下にタックルに行こうというマインドがあったかどうかなのだろう。日体の選手は下半身が沈まない傾向があるとみられたようだ。

とくにダブルタックルの2人目は要注意である。ボールに行く際、腰は沈めて下に行く意志を見せないといけないわけだ。これはスキルだ。練習から意識する必要ありだろう。

ついでにいえば、ラグビーのルールは「ロー（法律）」である。その精神を大事にする。ラグビー憲章の頭には「ラグビーは公平なしっかりとした争奪戦をしないといけない」とある。相手の無防備な胸の上を狙うのは不公平なのだった。

大竹選手「お互い、がんばっていきましょう」

何はともあれ、スポーツの世界、勝って反省できるのは理想だろう。

ラグビーならではのアフターマッチファンクションで、プレーヤー・オブ・ザ・マッチ賞の紺色キャップをかぶった大竹選手はこう、両チームの選手を前にスピーチした。

「タックルが自分の武器なので、今日は誰よりもタックルしようと思っていました。まだ2試合。これからも、お互い、がんばっていきましょう」

学習院大、あるいはレフェリーや保護者へのリスペクト。周りへの感謝の念が個人とチームの成長を促すことになる。

願わくは、A復帰のため、反則ナシの努力を。「ロータックル」の徹底を。

19 反則は3つに激減。日体大が規律を守り、開幕3連勝：日体大×上智大

〔2023・10・10〕

世界の各地でラグビーの激闘が続く。ワールドカップで日本代表がアルゼンチン代表に屈した日曜日、関東大学対抗戦Bグループ（2部）では日本体育大学が昨季6位の上智大に83－7で大勝した。これで順調に開幕3連勝である。

10月8日、横浜・日体大健志台キャンパスのラグビー場だった。正午頃、青葉台駅から日体大行きの路線バスに乗ると、部員の保護者もたくさんいた。中には、部員のバンメシ

（手作りハンバーグ……）入りのバスケットを下げた母親も。親子の情は、森より深く、山よりも高いのだ。

試合テーマは「失点0、反則0」

ラグビー場に着くと、グラウンドの脇に小さなホワイトボードが置かれていた。試合の目標が黒マジックで描かれている。

ゼロ作戦　0失点・反則

ひとつ前の試合、つまり2週間前の学習院大戦で日体大は57－19で大勝しながらも、3本（日体大は9本）のトライを許し、20個もの反則を犯した。ペナルティーの多くがハイタックルだった。

今週は試合準備の練習から規律を意識していたようで、反則は3個にとどまった。許したトライが1個（日体大は大量13トライ）。目標には随分と近づいた。

秋廣秀一監督は大勝にも、顔は少し歪んでいた。「目標を達成できなかったことが悔やまれます」と漏らした。

「ペナルティーが前半2つ、後半1つ。厳しくみると、それではダメなんです。確かに、前の試合より、ディフェンスはよくなりました。ただ、攻撃では、後半になると雑になっていきました。ハンドリングエラーが増えるのです。それは減らさないといけません」

フェラーリ辰己選手も爆走

キックオフ。ナンバー8伊藤拓哉主将の地を這うようなタックルが、チームの闘志に火を付ける。フランカーの大竹智也選手、鈴木幸人選手が相手に刺さる。ロックの岸佑融選手が敢然とジャッカル。

前半3分。敵陣ゴール前でPKをもらい、スクラムを選択する。これをプッシュし、オーソドックスなライン攻撃からセンター齋藤弘毅選手がポスト下に飛び込んだ。先制トライである。

スクラムで上智大を圧倒する（左プロップ築城峻汰選手、フッカー萩原一平選手、右プロップ吉田伊吹選手、ブラボー!）。そうなれば、フロントロー陣は元気が出る。吉田選手が左隅に力でトライを奪う。岸選手、ナイス！　サポート。

その後、岸選手がトライをもぎ取り、スポーツカーの「フェラーリ」（説明役の廣建進くん曰く）と異名をとるウイングの辰己一輝選手が髪をなびかせてトライを重ねていった。速いのなんのって。

CTB勝目選手「すごく光栄です」

結局、前半は7トライをマーク。後半も、FW、バックス一体となった攻めで6トライをもぎ取った。後半、ハンドリングミスが出始めた。スキル不足もあるだろうが、パスに優しさが足りないのだ。

「プレーヤー・オブ・ザ・マッチ（POM）」は、攻守に活躍したCTBの勝目龍馬選手だった。「ひと言ください」と言えば、「ひと言だけですか?」と聞き返すひょうきん者。

「なんですかね。すごく光栄です」

そう言って笑うと、自分のプレーの成長を説明してくれた。サイドとバックを刈り上げた外国人のくせ毛風パーマ頭。「スペインカール」というそうだ。

「前の試合（学習院大戦）では、ハイタックルの反則をめちゃめちゃ取られて……。自分だけで5本。でも、今日は、そこは修正できて、タックルは下に入れて、ハイタックルの反則は1本もナシでした」

ちょうど、ロックの岸佑融選手が近くを歩いていたので、ペナルティーの話題を振った。

「僕はハイタックルを1つ、取られました」と実直に振り返った。向上心旺盛。

「実は横の動きのディフェンスがまだ、苦手なんです。高い姿勢のまま、相手を追いかけて、（胸の）上に行ってしまいました。もっと、ディフェンスのレンジ（角度）を広げていきたいです」

岡部選手「1年でダンガラを着る」

この日、1年生が2人、試合に出場した。ひとりが、公式戦初先発の岡部義大選手。日体大OBの吉岡肇さんが監督を務める國學院栃木高出身である。抜群の運動量だった。そう言うと、表情を崩した。

「はい。たくさん、走りました。ハードワークができたと思います」

さすが、コクトチ。確か、モットーが「鉄のスクラム」と「紺の壁」。

「コクトチで学んだ組織的なディフェンス力をニッタイでも生かしたい。まだフォワードとバックスにギャップができているので、もっとワンラインにできるようフィットネスを上げていきたいです」

ふだんはフランカーだが、ロックにけが人が続出し、この日、ロックで初先発の出番が回ってきた。日体入学時の目標が「1年でダンガラ（段柄）を着る」だったそうだ。ダンガラとは、紺色と水色の横縞の日体レギュラージャージ。

「目標を達成できました。点数つけると、80点です」

もうひとりの1年生が、途中交代出場の三浦海《うみ》選手だった。こちらも日体大ＯＢの品川英貴さんが監督の長崎北陽台高出身。強豪高校のＯＢの方々にすこぶる感謝である。

タテ突破の鋭いランは、品川さんの現役時代をほうふつさせるものだった。

OB「まだワンチームにはなっていない」

小雨がぱらつく中、スタンドには多数の保護者、日体OBの姿があった。ラグビー場の雰囲気がどこかあたたかい。

みなさんと談笑し、ある日体大OBと青葉台の駅前のカフェでコーヒーを一緒に飲んだ。午後8時からワールドカップの日本×アルゼンチン戦のライブ中継があるので、30分間ほどだった。

試合の印象を聞けば、日体大の熱血OBは「ダンガラのプライドをもっと持ってほしい」と語られた。

「試合に出ていないノンメンバーの真剣度が足りないのでは。まだ〝ワンチーム〟になっていない印象ですよ」

今季の至上命令、『1部復帰』を果たすには、試合に出ない部員たちの心の持ちようも大事なのだろう。

試合メンバーは、試合に出られない部員の分までがんばる。ノンメンバーは、試合に出ているメンバーと一緒になって戦う。それがワンチームなのだろう。

3年LO岸のラインアウト（提供：森屋朋子さん）

上智大戦のハーフタイム、結束を確認（提供：渡邊祐子さん）

ワールドカップの日本代表は、負けたけれど、ワンチームにはなっていた。それが日体大のめざす姿なのだ。

20　ふっきメシⅡ

〔2023・10・12〕

朗報である。10月11日、秋シーズンのスタート時から始まった昼食の『1部復帰勝負メシ（ふっきメシ）』にホッカホカのスープが付くことになった。この日は卵スープ。飽きないよう、日替わりで春雨スープや豚汁も提供される予定である。

これは、部員からの要望に応えたものだ。これまでは、各自負担の朝・夕食に加え、ラグビー部負担として、昼食に栄養を考えたスタミナ弁当が無料で提供されてきた。からだを強くするためには朝昼晩の栄養ある食事がイチバンでしょ、といった理由だった。財源は、愛情深き保護者やラグビー部OBたちの寄付で賄っている。

スタミナ弁当と一緒に電気ウォーマーで温めた卵スープを食したラグビー部員たちは

「おいしい」「おいしい」と笑顔を見せ、お代わりをしていた。

これぞ感謝の味です。ご寄付をいただいた方々、食堂の方々、ありがとうございます。

なお、管理栄養士がラグビー部員にふっきメシについてアンケートをしたところ、「体重が増加した」などのポジティブな回答が多かったようだ。

【参照】

10月3日にふっきメシを提供した際に行ったアンケートの質問に対する回答を以下にまとめた。

質問①　ふっきメシが約1か月たつが、体調や体重の変化はあったか?

回答

・体重が増加した。(2kg〜4kg)

・運動後の体重が減少しなくなった。体重の維持ができるようになった

・筋肉量が増加した。
・体格が大きくなった。
・健康的になり、体調も良くなった。

質問② ふっきメシとプラスして食べているものはあるか

回答

・汁物　春雨スープや卵系
・プロテイン
・ヨーグルトなどの乳製品
・果物ゼリーやジュース
・サラダチキン
・和菓子
・パン

感想

・食事の心配をしなくて済むため、続けてほしい。
・お金の心配もなくなった
・腹持ちが良くなった。

21「ダメ、ゼッタイ」。禁止薬物&闇バイト――違法薬物及び特殊詐欺に関する啓発講話〔2023・10・20〕

「ダメ。ゼッタイ」。大麻で検挙される大学スポーツ部員が相次ぐ中、日本体育大学では、警視庁玉川警察署の防犯担当者が、『違法薬物及び特殊詐欺に関する啓発講話』を開いた。

10月16日、日体大・世田谷キャンパスの記念講堂。学友会クラブの部員ら約300人が出席し、DVDや警察署員の話に熱心に耳を傾けた。ラグビー部からは男女合わせて10名の学生幹部と3名のスタッフ（男子の秋廣秀一監督、渡邊徹コーチ、筆者）が前方中央にそろって陣取った。みんな、すこぶる真剣だったのだ。

警察署員「知識と創造力を持ってほしい」

違法薬物も闇バイトも、やったらおしまいである。「一度だけ」という安易な気持ちで手を出したら、それで自分の大切なものをすべて失ってしまう。最後、警察署員は、「知識と創造力を持ってほしい」と訴えた。

「2つとも、みなさんは、やってはいけないとニュースでは知っていると思います。でも、ちょっと想像してみてください。(闇バイトでは)軽い気持ちで、犯罪に加担してしまうと、あとはどうなってしまうのか。犯罪に手を染めたり、クスリをやってしまったりしたら、もうおしまいです。人生、おしまい。もう、(道を)引き返せません。いかに自分が大変なことをやってしまったか、後悔しても、もう遅いのです」

あなたが選んだのは、バイトではなく、犯罪という道なのです

啓発講話は午後6時キックオフだった。警察署員のあいさつのあと、1本目のDVD

『闇バイト等特殊詐欺防犯に関する啓発講話』が始まった。

特殊詐欺、「オレオレ詐欺」の〝受け子〟や〝たたき〟（強盗）をして悪の道に入った若者は、結局は逮捕されて少年院に送致される。メイドカフェで違法な客引きをした若い女性も登場する。

どれもきっかけはささいなことだった。楽して稼げるアルバイトなんてありえないのだ。DVDの若者の後悔の言葉やナレーションが講堂に響きわたった。


「脅されて、警察に捕まるまで、やめられませんでした」

「短時間で稼げるバイトをSNSで見つけました。最初は犯罪なんて思いませんでした。後悔しています。家族やいろんな人に迷惑をかけてしまいました」

「先輩に誘われたんだけど、断れずに、してしまいました。闇バイトは身近にあるんです」

「楽して稼ぎたい、そんな気持ちで闇バイトに手を出してしまったのです。あなたが選んだのは、バイトではなく、犯罪という道なのです」

「特殊詐欺。残ったのは借金だけです」

若者は時に人の道を踏み外してしまうことがある。間違った道を選ぶとどうなるのか。想像してみよう。人生は暗転する。

薬物によってすべてを失ってしまう

もう1本のDVDが、『薬物乱用―LOSTロスト〜大切なものをなくさないで』だった。

薬物乱用者や「運び屋」の事例を再現ドラマ風に紹介するとともに、規制薬物の種類と人体への影響、薬物乱用者による事件事故・罰則について説明された。

これまた、耳に残るナレーションはこういったものだった。

「あなたの大切なものはたった一度の薬物がきっかけですべて消え去ってしまうのです」

一度だけという安易な気持ちから

大学を卒業し、会社に就職して1カ月の若者「ハルト」さんが人生を踏み外す。上司に怒られ、イライラしていたところで、インターネットから興味半分で大麻を購入してしまう。安易な気持ちで、「一度だけ」とやってしまったのだ。

ネットで検索すると、大麻はたばこより害がない、とある。誤解である。常習者になると、もっと強いものをやりたくなる。覚せい剤に手を出す。エスカレート。これで人生を棒に振ることになる。

覚せい剤の常習者になったハルトさんは、会社の欠勤、遅刻を繰り返し、叱責された上司に暴行を働いてしまったのだ。当然、解雇となる。

幻覚症状が出るようになる。闇金で借金して薬を使用し続けるようになる。包丁を持って暴れ回っていたところ、ついに警察に逮捕される。

ここで、ナレーション。

「一度だけという安易な気持ちで薬物に手を出したハルトさんには逮捕という厳しい現

実が待っていたのです。妹は不登校になり、家族は引っ越しをせざるをえなくなりました。大切だった友達も離れていきました。ハルトさんの後悔。あの時、薬物を買わなければよかった。使わずに捨てればよかった。残ったのはボロボロのからだと心だけです。薬物乱用は重大な犯罪なのです」

「現在、インターネットの掲示板などから興味本位で薬物を始める人が増えています。密売人を知らなくても手軽に薬物を買えてしまうことや、インターネットの持つ匿名性などから薬物乱用者が後を絶ちません。何度も薬物をやめようとしたハルトさん。なぜ、ここまでなったのでしょうか」

考えよう。想像するのだ。なぜ、人生から転落したのだろうか。

ネットで、若者に乱用されている薬物の種類を調べた。

▽大麻（隠語：マリファナ、葉っぱ、チョコなど）　大麻依存症となると、さらに強

い刺激を求めて、他の違法薬物に手を出す例が多いことから、「ゲートウェイドラッグ」ともいわれる。

▽覚せい剤（隠語：シャブ、スピード、S、クリスタルなど）
▽コカイン（隠語：C、コーク、ホワイト、スノウなど）
▽ヘロイン
▽アヘン
▽MDMA・MDA

結局は自分の正義感、規律、高潔性、敬意

自分が知らないうちに薬物と関わり身を滅ぼしてしまう危険が多々、あるのだ。DVDでは、おカネの誘惑に勝てず、海外からバッグの中に隠した覚せい剤の密輸の片棒を担ぐ事例も紹介された。日本の空港で捕まり、「私は知りません。預かっただけです」と叫んでも、後の祭りなのだ。逮捕されて、懲役刑となるのである。

つまるところ、何事も本人の正義感だろう。

警察の担当者は言った。

「自分の中で〝これは悪いことなんだ〟と、どこでストップをかけられるかだと思います」

ラグビー部のみなさん、大切なものは、ラグビーのコア・バリューの「Discipline（規律）」である。「Integrity（高潔性）」である。ラグビーへの、そしてチームへの、「Respect（尊重）」を忘れないで。

22　W杯の感動をエネルギーに。『パブ・ファイト』で、日体大が無傷の5連勝：日体大×武蔵大

〔2023・10・31〕

感動はエネルギーとなる。ラグビーワールドカップの決勝の死闘があった日曜日、日本体育大学もファイトした。関東大学対抗戦Bグループの4戦全勝同士の対決だった。日体

大は12トライの猛攻を武蔵大に浴びせ、76－0で圧勝した。これで順調に無傷の5連勝。

キーワードは「パブ・ファイト」

10月29日。陸上自衛隊朝霞駐屯地そばの武蔵大学朝霞グラウンドである。小雨がぱらつく午後1時キックオフ。周囲には、野球場、ラクロス場があり、学生たちの元気な声がラグビー場のスタンドまで聞こえていた。

「パブ・ファイト」、これがこの試合のキーワードだった。秋廣秀一監督によると、パブ（酒場）で酔っぱらった連中に絡まれた仲間を助けるため、相手を排除するイメージだそうだ。つまり、ボール争奪戦のブレイクダウンで、2人目、3人目が相手を激しく払いのける動きを指すのだ。とくに2人目の寄り。

試合開始直後、フランカー大竹智也選手の猛タックルが炸裂した。さらに伊藤拓哉主将の地を這うタックルも決まる。タックルはチームに勢いをつける。

伊藤主将「すごかったですね」

伊藤主将はこの日、午前4時からのワールドカップ決勝をライブでテレビ観戦したそうだ。「すごかったですね。南アフリカみたいな強度のプレーに少しでも近づきたいです」。その闘気はとくにタックル、ブレイクダウンに見えた。パブ・ファイトだ。

前半8分、ラインアウトからのモールをぐりぐり押し込んで、1年生ロック岡部義大選手がインゴールでボールを押さえた。その3分後、CTB齋藤弘毅選手が自慢の突破力を生かし、中央に飛び込んだ。

もう、イケイケである。副将のSH小林峻也選手が左右にボールをさばく。前半15分、オレンジ色スパイクのFB大野莉駒選手が小刻みなステップを踏んでインゴールに駆け込んだ。小林選手のゴールも決まって、19－0とした。

その後もラインアウトモールを押し込んでのトライのあと、前半終了間際には、CTB齋藤選手からFWのプロップ築城峻汰選手、ロック岡部選手とつなぎ、岡部選手が左隅に飛び込んだ。31－0で折り返した。

後半もトライ・ラッシュ、相手をノートライ

後半もパブ・ファイトである。タイミングよくボールが出れば、バックスのスピードも生きてくる。説明役の廣建進選手の言葉を借りると、スポーツカーの「フェラーリ」と形容されるWTB辰己一輝選手が快足を生かして2トライを加える。FWもスクラム、ラインアウトで圧倒し、フィールドプレーでもよく走り、ロック岸佑融選手も豪快なトライをマークした。

日体大はスクラムでも武蔵大を圧倒。

最後は、途中交代出場のCTB鈴木一平選手がトライで締めくくった。直後のコンバージョンキック。びっくりした。ワールドカップの南アフリカのWTBコルビが準々決勝フランス戦で見せたような、キックチャージを食らってしまったのだ。

完勝である。何といっても、相手をノートラ

イに封じたことがうれしい。いつも辛口の湯浅直孝ヘッドコーチも、「ディフェンスはよくなってきました」と声を弾ませた。

「しつこさというところにこだわって、抜かれてもすぐに戻るとか、そういうマインドセット（心構え）ができているのかなと思っています」

課題を挙げれば、この日のペナルティーは9つだった。同じく山形壮平レフェリーに笛を吹いてもらった1カ月前の学習院大戦では、20個ものペナルティーを取られた。多くはハイタックルだった。

試合後、山形レフェリーにお話をうかがえば、日体大は不用意な反則が少なくなり、タックルも自制（コントロール）されているような印象を受けたそうだ。確かに改善されてはいるが、あくまで目標は「ペナルティーゼロ」である。

小林副将「うれしいです」

試合の「プレーヤー・オブ・ザ・マッチ（POM）」は、SHの小林副将に贈られた。おめでとう、と声をかければ、「うれしいです」と顔をくしゃくしゃにした。

試合テーマが『パブ・ファイト』と『キックへのエスコート』だった。前日の帝京大B・C戦と同じである。すなわち、チーム全体でターゲットが統一されているわけだ。そうだ、ワンチームなのだ。

小林副将は「リズムがよくなってきています」と言った。

「Aだけでなく、チーム全体でやろうとしていることがひとつになっています。パブ・ファイトが徹底されれば、生きたボールが出やすくなって、日体らしいアタックができるんです。（今日は）さばきやすかったです」

でも、と言葉を足しました。

「（FWが勢い余って）越え過ぎて、ボールがハダカになっているシーンもありました。そこは修正です」

勝負はここから。あと3つ！

さあ、ここからが勝負である。

秋の対抗戦Bグループはあと2試合、Aグループとの入れ替え戦を含めると、残るは3

試合である。A（1部）復帰まであと勝利3つ。

伊藤主将は、気合を入れ直す。勝って兜の緒を締めて、である。

「対抗戦も最終戦が近づくにつれて、相手の強度であったり、しつこさであったり、レベルが上がってきています。そういうところで、最初、受けてしまうと、修正ができなくなっていきます。そこが課題です」

パブ・ファイトは？

「相手をはがし切れていない部分だったり、はがし過ぎてしまっている部分だったり、ボールがフリーになっているケースがあったり……。見極め、使い分けをもっと意識したいです」

試合後、観客に頭を下げる日体大（提供：渡邊祐子さん）

うれしいのは、スタンドに保護者、日体大OBの姿が増えてきていることである。応援は間違いなく、チームの力になるのだ。

下から3段目のスタンドでは僕の隣に渡邊徹コーチのお父さんが座っていた。お母さんはグラウンドで写真撮影である。ご夫婦で山梨から車で約2時間をかけて来られたそうだ。ありがたいことである。

周りから応援されるチームは強い、が僕の持論である。いわば一部復帰のムーブメントだ。さあ、みんなで上昇気流に乗ろう。

23 ブギウギのリズムで無傷の6連勝。日体大、入れ替え戦へ：日体大×東大〔2023・11・13〕

急に冷え込んできた。冬空の下、関東大学対抗戦Bグループ（2部）の日体大ユニコーンズが、自慢の「ランニングラグビー」を展開した。ガッツある東大に当たり勝ち、73－0の圧勝である。これで6戦全勝とし、2位以内を確定、Aグループ（1部）との入れ替え戦出場を決めた。

もうブギウギだ。流行のＮＨＫ連続テレビ小説『ブギウギ』と同じく、〝日体ブギウギ〟である。スイングの効いた8ビートのリズムが聞こえてきそうな攻めだった。合計11トライ。試合を見ながら、スタンドでひとり口ずさんでいた。

ニッタイ・ブギウギ♪

リズム、ウキウキ♪

ココロ、ズキズキ、ワクワク♪

3試合連続のゼロ封

横浜・青葉台の日体大・健志台キャンパスのラグビー場である。陸上競技場では、全国の陸上大会が開かれていた。サッカー場でも女子が試合をしている。キャンパス全体が若者の熱気に満ちていた。

『パブ・ファイト』と『ディフェンス・ゼロ』が試合テーマだった。前者は、ラックで相手サポーターを激しく排除すること。つまり、接点で優位に立つことである。後者は、個々の猛タックルと組織だったディフェンスで相手をゼロ点に抑えること。

試合後、秋廣秀一監督は円陣の中で開口一番、「いい試合でした」と言った。

「一番の収穫は、相手をゼロに抑えたことです。ゼロ作戦です。そしてパブ・ファイトで激しく行って、ブレイクダウンでは優位に戦えました。そこもよかったです」

これで、3試合連続で相手をゼロ封した。今季6戦中、4試合でゼロ封勝利である。何がいいって、1対1でしっかり低くタックルに行っているから、ディフェンスラインにアナが開かないのだ。

故障のナンバー8伊藤拓哉主将に代わり、ゲームキャプテンを務めたSH小林峻也・副将が説明してくれた。

「ワン・オン・ワンでひとりひとりが勝てているので、2人目、3人目が入る必要がさほどなく、ディフェンスが整備しやすくなっています。相手アタックに余られるシチュエーションがないので、常に（相手マークが）合っている状態でディフェンスができています」

両親もスタンドから応援してくれた。「両親の声援は？」と聞けば、小林副将は顔をくしゃくしゃにした。

「はい。うれしいです」

前半で6トライ、40得点の猛攻

試合は開始直後、ラインアウトから右オープンに回し、FB大野莉駒選手がひとり飛ばし、WTB甲斐倖ノ助選手が右から回り込んで中央に先制トライした。

あえて、勝負のアヤをいえば、このあとの数分間のゴール前ディフェンスだった。「東大、がんばれ~」との女性の声援を受け、緑色と黒色の縞模様の〝スイカジャージ〟の東大が怒とうの攻めを繰り返した。でも、ここで日体ディフェンスは崩れなかった。

度重なるラックサイドの突進も低いタックルでつぶす。最後は、プロップ簗城峻汰選手がグッドタイミングのジャッカルを仕掛け、相手反則をもぎ取った。ターンオーバーである。窮地を脱した。

粘ったあとにはチャンスが来る。スクラムでぐいぐい押す。前半14分、いつも元気なCTB小林勇太朗選手が得意のタテ突破から鋭いランで中央にトライした。これまでのロックから、初めてナンバー8に入った1年生の岡部義大選手がキレキレの突進でトライと続く。

その後も3トライを加え、前半で6トライを奪取し、40‐0と大量リードした。

東大戦でも円陣はひとつに（提供：渡邊祐子さん）

地味ながらも、いぶし銀の輝きを放ったのが、猛タックルを連発したフランカー大竹智也選手である。172センチ、93キロ。「ナイス・タックル！」と声をかければ、「自分は相手より、ちっちゃいので」と語気を強めた。

「相手より高く行ったら負けるんで、相手より低く入って、一発で仕留めるんです」

燃える闘魂、〝コクトチコンビ〟

後半は序盤こそ、攻めあぐねたが、中盤以降、ランニングラグビーが威力を発揮し、5トライを重ねた。

うれしかったのは、ロック初先発の1年生の石塚翔真選手の奮闘である。184センチ、90キロ。國學院栃木高校出身の石塚選手も、岡部選手も、相手に挑みかかる気概に満ちている。〝コクトチ魂〟というのだろうか、コクトチの紺色のヘッドキャップをかぶってのプレーだった。

石塚選手は試合後、左ひざを氷パックでアイシング。「どうでした?」と聞けば、「久しぶりの試合だったんで」と漏らした。

「ちょっと緊張があって、プレーが硬かったですね。まだまだ、です。岡部が強いんで、ちょっとプレッシャーです。いや、刺激です」

互いに切磋琢磨なのだろう。では、その岡部選手は? と探せば、差し入れのどら焼きを持って歩いていた。

「ナンバー8は?」と声をかければ、岡部選手は「楽しいですね」と笑顔である。

「次の試合もチームとしてゼロに抑えられるようにがんばりたいです。自分も、ひたむきに、80分間しっかり戦いたい」

収穫は？

「タッチラインからタッチラインまで、グラウンドの幅の70メートルをしっかり使って、バックス、フォワードが協力しながら、戦うことができたことです」

CTB小林勇太朗選手、勝利に貢献

朗報をいえば、負傷復帰のトンガ人留学生のFWテビタ選手が途中交代でプレーしたことだ。今季初出場。190センチのからだを生かしてラインアウトで奮闘し、豪快な突進も見せた。

ところで、この試合の「プレーヤー・オブ・ザ・マッチ（POM）」は、鋭いランプレーを連発したCTB小林勇太朗選手だ。POMの選手には、毎試合、渡邊徹コーチの母の手づくりの「アンパンマンおにぎり」がもらえる。でかい顔は白いゴハンでつくられ、大きな赤い鼻が梅干し、黒い口がノリ、ピンクのほっぺはハムである。

小林勇太朗選手は、試合中に鼻を強打し膨れていた。「アンパンマンのような鼻になっているんですけど」と笑う。

「今日は、自分の持ち味（タテ突破）で勝負することができたのかなと思います。昨季、（Bグループ）3位の東大さんにしっかりと戦えたというのは収穫ですね」

集中力と精度がポイント

あと、A（1部）復帰までのハードルは2つである。まずは、11月26日のグループ最終戦、明治学院大との全勝対決である。これまでと違い、相手フォワードは強い。大一番となる。

秋廣監督は言った。

「これからの試合、攻めのチャンスはそんなに多くありません。少ないチャンスをいかにものにするのか。集中力と精度がポイントだと思います」

この日、ウォーターボーイを務めた伊藤拓哉主将は、こうだ。

「パブ・ファイト、まだまだ物足りません。入れ替え戦に向けて、そこの強度であったり、精度であったり、もっともっと、向上していかないと厳しいゲームになっていきます」

これから、一番こわいのは慢心だろう。それは、ない。寒さが厳しくなるにつれ、試合も厳しさを増していくのだ。

【号外！　牛乳提供】　部員からの要望を受け、11月15日（水）の朝食から牛乳（ウォーターサーバーでドリンクバー形式飲み放題）が提供されることになった。部員のみなさん、牛乳飲んで、丈夫でたくましいからだをつくってくれ。

24　あと1つ。ラグビー日体大、苦しんでつかんだ全勝1位：日体大×明治学院大
〔2023・11・28〕

あと1つ。目標のAグループ（1部）復帰まであと1つである。ラグビーの関東大学対抗戦Bグループ（2部）の日本体育大学が明治学院大学との全勝対決を49－22で制し、7戦全勝のグループ1位を決めた。A復帰をかけて、入れ替え戦（12月17日・熊谷）でAグ

試合前の校歌斉唱（提供：渡邊祐子さん）

ループ8位チームに挑む。
11月26日。寒波襲来の府中・AGFフィールド。凍てつく寒さの中、日体大は苦しんだ。キックオフ直後、センターの小林勇太朗選手がタックルの際、頭部を強打して負傷退場した。「あれで苦しくなりました」とゲームキャプテンを務めたSH小林峻也副将は打ち明けた。
「あのアクシデントもあって、自分たちのカタチに持っていけませんでした。緊張して……。いつもと違う感じになって、相手の勢いに飲み込まれてしまいました」

ペナルティー続発でリズム崩す

敵陣に入ったと思えば、不用意な反則を犯し、エリアを戻されてしまう。相手の深いライン攻撃から大外、大外と振られてしまった。前半7分、左オープン攻撃から左隅に先制トライを許した。

日体大はFWが前に出て、徐々にリズムを取り戻す。ブレイクダウンからテンポよくボールが出れば、バックス陣のスピードが生きてくる。前半18分、スポーツカーの「フェラーリ」の異名をとるウイング辰己一輝選手が快足を飛ばして左隅にトライを返した。小林副将が難しい位置からのゴールを蹴り込んで、7－5と逆転した。

なおも小林副将がPGを手堅く重ねたあと、ゴール前のラインアウトからのドライビングモールを押し込み、トンガからの留学生の190センチロック、テビタ・タラキハアモアがトライした。テビタは試合後、「勝ててよかったです」と漏らし、笑顔でこう続けた。

「トライ、気持ちよかったです」

前半を20－8で折り返した。日体大は前半だけでペナルティーを8つも犯した。ハイタックル、オフサイド……。これではリズムに乗れない。後半も明治学院大に最初にトライを与え、5点差に詰め寄られた。

湯浅ヘッドコーチ「ここで経験できてよかった」

この日の「プレーヤー・オブ・ザ・マッチ（ＰＯＭ）」に輝いたセンター勝目龍馬選手らが2トライを奪うも、後半30分には、ゴール直前のハイタックルの反則で認定トライを献上してしまった。32－22と詰め寄られ、勝敗の行方はわからくなった。

あえて勝負のアヤをいえば、ラスト5分のトライだろう。自陣で、後半から交代出場した伊藤拓哉主将が猛タックルでターンオーバーした。すかさず逆襲。左右に振り、交代出場のセンター齋藤弘毅選手がビッグゲインし、ウイング辰己選手がトライを加えた。37－22とし、勝利をほぼ確実にした。

さらに2トライを加え、終わってみれば、大差となったが、課題の残る試合だった。湯浅ヘッドコーチは厳しい表情で試合をこう、振り返った。

「緊張もあり、会場の雰囲気もあり、練習でやってきたことと違うことをやっていたのでこういう試合になったのでしょう。コミュニケーションの声も少なかった印象です。でも、（入れ替え戦に向け）ここで経験できてよかったと思います」

ＰＯＭ勝目選手「入れ替え戦、絶対勝ちます」

くるくるスペインカールの頭にＰＯＭの濃紺キャップをかぶった勝目選手はピッチでマイクに言った。覚悟が寒風に乗った。

「課題がたくさん見つかったので、入れ替え戦に向けて修正していきたいと思います」

その後、こう言葉を足した。

「（チームメイトの）けがとか、予想外のことが起きた時にどう対応するのか。自分たちのやってきたことをどれだけ早く取り戻せるのか。そういったことが、入れ替え戦では大事になってくると思います」

ひと呼吸おいて、声に力をこめた。

「入れ替え戦、絶対、勝ちます」

フェラーリこと、辰己選手がはだしでロッカーから出てきた。足がでかい。サイズを聞けば、「29センチ」もある。

「フェラーリなんて、全然、おそれおおいです。昨年の入れ替え戦はラスト5分ぐらい出ました。今年はリベンジです。トライゲッターのウイングなので、トライをどんどん取っていきたい」

秋廣監督「気合を引き締め直す」

昨年度のシーズンは成蹊大との入れ替え戦に敗れ、Bグループに降格した。屈辱だった。その悔しさが多くの部員の心に残る。

課題をいえば、まずは規律だろう。ペナルティーが後半は5つで、トータル13個も犯した。とくにハイタックル。入れ替え戦ではレフェリーの厳しい笛にも対応しなければなるまい。目標が「反則ゼロ！」

そして、ゲームの入りか。前半、後半の序盤で受けてしまった。

秋廣秀一監督もまた、「課題が見えたことが収穫」と言った。

「入れ替え戦では、もう1回、全員、ひとりひとりができることを出し切って、やり切ることです。学生も、僕ら指導陣も、これまでの大勝続きで、どこかに油断、慢心があったのかもしれません。気を引き締め直すためにはいい試合でした」

同感である。入れ替え戦に向け、よきレッスンとなった。明治学院大とレフェリーには感謝しかない。勝負事は何が起こるかわからない。油断大敵なのだった。

最後のBATTLEへ

あと3週間。入れ替え戦に勝つために1年間の努力の積み重ねがあったと言っても過言ではあるまい。秋廣監督は言葉に熱をこめた。

「全員がベストを尽くす。ベストを尽くす、それだけです」

あと1つ。あと1つ。2023年度のスローガンの『Battle』である。

25　いざ入れ替え戦：日体大×成蹊大

〔2023・12・3〕

いざ決戦の舞台が整った。12月17日の日曜日に熊谷ラグビー場である関東大学対抗戦A（1部）・B（2部）グループの入れ替え戦のカードが2日、決まった。7戦全勝でB1位の日本体育大学は、A8位の成蹊大に挑むことになった。

入れ替え戦の日体大の相手に決まった成蹊大

12月2日、熊谷は朝方、氷点下に冷え込んだものの、日中は陽が差して、気温9度ほどに暖かくなった。風はほとんどなく、天然芝のかすかな匂いが漂っていた。A組の全敗同士の対戦が行われ、成蹊大は青学大に7-43で敗れた。

日体大は入れ替え戦に向け、秋廣監督ほか新垣コーチ、朽木分析担当、僕がスタンドから観戦した。闘志あふれるプレーが繰り広げられた。成蹊大は1トライを挙げたものの、青学大に7トライを許した。

成蹊大は7戦全敗でAグループ8位となった。

それでも、Aグループで帝京大や早大、明大などと戦ってきただけに、球際は厳しく、コンタクトプレーなどには力強さがあった。秋廣監督は「(成蹊大は)決して弱くはありません。リスペクトを持って、しっかり準備し、全力でぶつかりたい」と気持ちを新たにしていた。

成蹊大は、2022年度の入れ替え戦では日体大と立場が逆だった。昨季、日体大はAグループ8位に甘んじ、入れ替え戦でBグループ1位の成蹊大に苦杯を喫したのだ。今回は、日体大にとって、いわゆる雪辱戦となる。

1部復帰をかけた試合は午後2時、キックオフである。もうワクワクドキドキ。必勝あるのみだ。

26 〝引退試合〟の4年生の思いも。帝京大戦で固まったチーム一丸「絶対に勝つ!」:練習試合　日体大×帝京大

〔2023・12・11〕

絶対に負けられない、その決戦まであと1週間。ポカポカ陽気の12月9日の土曜日。雲ひとつない青空の下、大学日本一の帝京大グラウンド（日野市百草）で、日体大ユニコーンズの『信頼』の花が咲いた。

関東大学対抗戦Bグループ（2部）1位の日体大はAグループ（1部）8位の成蹊大との入れ替え戦に向け、大学日本一の帝京大の胸を借りた。日体大は、Bグループではほとんどワンサイド勝利を重ね、7戦全勝とした。ただ、BグループとAグループとではプレーの強度も試合のレベルも大きく違う。

けが人が出るリスクを負っても、Aグループ優勝の帝京大と練習試合をし、そのプレーの強度を肌で感じておきたかったのだった。ここで相手に挑みかかる気概、すなわち挑戦心をかき立てておくのだ。実は秋廣監督ら首脳陣は4年生から要望を受けていた。入れ替え戦に出場しない選手も含め、4年生をすべて試合に出してほしいと。

記念の〝引退試合〟。4年生の朽木選手「ラグビー人生を締めくくる良いタックル」

首脳陣は学生の願いに応えてくれた。入れ替え戦のメンバー以外の4年生にとっては、これが〝引退試合〟となった。練習試合はメンバー全員を替えながら40分ハーフの3本だった。最後の3本目のラスト5分、ずっと裏方でチームに貢献してきた学生コーチ（分析）の4年生、朽木泰智選手が交代出場した。

記念の“引退試合”を終えた４年生（提供：大野清美さん）

細身の4年生は懸命に走った。からだを張った。猛タックルをごつい帝京大選手に浴びせた。ナイス・タックル！　見ていて涙が出そうになった。スタンドの朽木選手の母親も何か感じるものがあっただろう。

朽木選手は試合後、母親のそばで少し照れながらも、しみじみと漏らした。

「ラグビー人生、7年間を締めくくる良いタックルが最後にできてよかったです」

伊藤主将「勝てて終われたことはプラスに」

1本目のハーフ40分は、日体大の主力メンバーが帝京大に挑んだ。相手は、主力ではなかったけれど、個々のフィジカル、スキル、スピードには驚くべきものがあった。キックオフ前、伊藤拓哉キャプテンは円陣でこう、大声を発した。

「チームで勝ち切るぞ！」

日体大ボールのキックオフ。まず白色ヘッドキャップのナンバー8、伊藤主将がシャニムニ走って相手をつぶしにいった。1年生フランカーの家登正旺選手がジャッカル。みんな、よく前に出てタックルをした。前半7分。マイボールスクラムから伊藤主将が右に持ち出し、右オープンに展開。最後は、4年生のSO小田晴陽選手から4年生WTBの中村元紀選手につないで右隅に先制トライを挙げた。SH小林峻也選手が難しい位置からのゴールキックを蹴り込んだ。

FB大野莉駒選手のキックがよく伸びる。けがから復帰したロックの岸佑融選手がボールを追う。またも伊藤主将がビッグゲイン。SH小林選手がPGを加え、10－0とした。

試合後の伊藤主将の述懐。

「自分たちが理想としている形で試合に入れました」

ひたむきだった。よく走った。束となってタックルした。その後、帝京大に3トライを許したものの、日体大はドライビングモールなどから2トライをもぎ取り、最初のハーフは、日体大が22－17で折り返した。

伊藤主将はこう、言葉を足した。顔には充実感があふれる。

「ハーフですけれど、（1本目が）勝てて終われたことはプラスに考えたい。来週に向けて、いい練習、そしていいゲームメイク、タイムマネジメントができればいいと思います」

帝京大・岩出顧問「真面目に走っているね」

日体大OBで帝京大を長年率いてきた岩出雅之顧問はこう、母校の日体大を評した。言葉に後輩を想う愛情が満ちる。

「みんな真面目に走っているね」

最高の褒め言葉だろう。あきらめずに懸命に戻ってのゴール前でのタックル、ひたむきに前に出てのチャージは、真面目に走ったからこその結果だった。

加えていえば、シーズン終盤にこういう貴重な練習試合をつくっていただいた帝京大の方々には感謝しかない。岩出さん、相馬朋和監督、ありがとうございました。

日体大は2つ目のハーフ、3つ目のハーフでは、帝京大に圧倒された。日体大の選手層の薄さが明らかになった格好である。


胸打つ4年生の全力プレー。野尻選手「すごく楽しかった」


それでも、スタンド席の日体大部員たちには活気があった。

チームメイトに大声で声援を送り、好プレーには喝采を浴びせた。帝京大にトライを奪われても、さほど気落ちする空気はなかった（部長はノートをスタンドの手すりにぶつけ、ひとり悔しがっていたが……）。

ドラマティックだったのは、この日が最後の試合となる4年生に熱い声援が飛んでいたことだろう。最後の3本目ハーフのラスト5分には、学生トレーナーの4年生、野尻涼太郎選手も交代出場した。

野尻選手は高校時代、野球部だった。これが最初で最後の大学での試合プレーとなった。

宝物の5分間。「楽しかったです」と4年生トレーナーは漏らした。

「ずっと仲間のプレーをそばで見ていて、いつか自分もラグビーをやりたいなと思っていました。やってみると、やっぱり、すごく楽しかった」

カメラを向けると、右手でガッツポーズをつくった。

「あとは、自分はチームを支えるだけ。来週は勝ち切ってほしい」


湯浅ヘッドコーチ、伊藤主将「必ず、勝ちましょう」


グラウンドに円陣がつくられた。ぎゅっと輪が縮まった。ああ、ここに信頼がある。

秋廣監督はこう、言った。

「みんな、タックルに入って、気持ちを見せてくれた。最後は気持ちだと思うんだ。最後5日間、いい準備をして、やっていきましょう」

湯浅直孝ヘッドコーチはこうだ。

「入れ替え戦に勝つのが今年のチームの目標だと思う。残りの日々をそれだけにフォーカスして、ひとつになって、やっていきましょう」

ひと呼吸おいて、こう言葉に力をこめた。

「必ず、勝ちましょう」

伊藤主将が続く。

「最後の4年生のプレーを見て、下級生は感じるものがあったと思う。試合（入れ替え戦）に出るメンバーが、今日が最後の4年生のプレーをどう感じたか。このチームで一緒に練習ができるのはあと1週間。全員で最後、勝ち切りましょう！」

決戦へのカウントダウンが始まった。ひりひりする緊迫の時間が始まる。いざ若者の熱血をたぎらせよ。

帝京大戦の後につくられた日体大の円陣

27 やったぞ！　一部復帰。　関東大学ラグビー入れ替え戦、伝統の日体大が成蹊大に勝利：入れ替え戦・日体大×成蹊大〔2023・12・20〕

「いちぶぅ、上がったぞーっ」。12月17日夜。熊谷ラグビー場そばのホテルの大部屋。関東大学対抗戦Aグループ（1部）復帰を決めたばかりの日本体育大学ラグビー部の懇親会で、秋廣秀一監督の雄叫びが響きわたった。歓喜の爆発。感涙にむせぶ部員、OB、保護者の姿もあった。

伝統の日体大がBグループ（2部）に転落してちょうど1年。入れ替え戦の相手は同じく成蹊大、場所も同じく熊谷ラグビー場。この日は青空が広がり、遠くに雪をかぶった富士山のてっぺんがみえた。〝赤城おろし〟の強風がびゅうびゅう吹いていた。

ただ、昨年の入れ替え戦とは立場が違った。今年はAグループ8位の成蹊大にBグループ1位の日体大が挑む構図だった。スタンドには、日体大のOB、ラグビー部女子、ファンら数百人が押し掛けた。「ニッタイ、ニッタイ」の歓声が続く。入れ替え戦としては異例の〝大観衆〟（公式発表1373人）といっていいだろう。

狙い通りの先制攻撃

その声援を背に受けて、日体大は先制パンチを繰り出した。キックオフ直後、フッカー萩原一平選手が猛タックル。PKをタッチに蹴り出し、ラインアウトからサインプレーが決まった。この決戦のために準備してきたスペシャルプレーだ。ロックの岸佑融選手が好捕し、すぐに出したボールを受けて、SH小林峻也副将がタテに切り込んだ。

相手タックラーが寄ってきた刹那、左にパスして、右ウイングの中村元紀選手が鋭どく、ピュッと宙を滑った。右中間に先制トライ。電光掲示板のタイムはわずか「1分20秒」だった。中村の述懐。

「仲間を信じて走り切りました」

前半10分にはラインアウトからのモールをぐりぐり押し込んで、プロップ築城峻汰選手がトライを重ねた。その2分後、SO小田晴陽選手が判断よくオープンにキックパスし、CTB齋藤弘毅選手が右手を突き上げながらインゴールに走り込んだ。前半序盤で17点を先取した。

秋廣監督「努力が実ってよかった」

今季のチームスローガンが『Battle』、そして『先手必勝』がこの日の狙いのひとつだった。自分たちの強みであるテンポのはやいアタック、前に出るディフェンス。これまでの順目、順目の攻めパターンから一転、この日は機を見ての逆目のシステムも採り入れた。秋廣監督は試合後の記者会見で「この日のために1年間がありました」と言った。

成蹊大との入れ替え戦、ラインアウトでのナイスキャッチ（提供：岸健司さん）

「キャプテンを中心に日々精進しながら、やってきました。非常に苦しい日々でした。でも、その努力が実ってよかったと思います」

前半終了間際、成蹊大にトライを返され、嫌な空気が流れ出した。20－5で折り返した。

後半開始直後も、準備したスペシャルサインから、SO小田選手―プロップ久次米洸選手とつなぎ、相手ディフェンスラインを開かせたところにFB大野莉駒選手がタテに刺さるように走り込んだ。ゴールも決まり、27－5となった。

乱れた規律。日体大が反撃許す

このまま楽勝ペースかと思われたが、成蹊大とて、このシーズン、Aグループで戦ってきただけにフィジカルの強さがある。意地もある。加えて、この日の日体大のテーマの『規律』が乱れる。反則を連発。

後半、強烈な風下サイドの日体大はスクラムで後手を踏み、3連続トライを奪われてしまった。27－20の1トライ（ゴール）差に詰め寄られた。

ラスト10分は防戦一方だった。同点トライ（ゴール）を取られたら、Aグループ昇格は水泡に帰す。耐えて、耐えて、フォワードがハードワークを続ける。厳しいタックルを繰り返す。とくにフランカー伊藤拓哉主将、大竹智也選手のそれは胸を打った。

キックされたボールをしつこく追って、FB大野選手がナイスタックルを見舞わせた。このラスト10分のチーム一丸となっての我慢にこそ、日体大の努力と成長の跡が垣間見えた。記者会見で、伊藤主将は「勝てる自信があった」と言い切った。

「自分たちが先にリードする形を想定して、練習をやってきました。終盤は、成蹊大さんの粘り強いアタックやディフェンスに苦しむ場面があったんですけれど、それも想定して、きつい練習をやってきました」

胴上げの伊藤主将「サイコーです」

辛抱した分、ノーサイドの瞬間、喜びが爆発した。スタンドに陣取ったノンメンバーからも雄叫びが飛ぶ。「ヤッターッ」「いちぶだぁ〜」。グラウンドでは、秋廣監督、湯浅直孝ヘッドコーチらに続き、伊藤主将も宙に舞った。幸せな風景が広がった。

「サイコーです」と、伊藤主将の声が弾む。「1年間、この日の試合に勝つためにチームできつい練習をやってきました。それが実を結び、目標の1部復帰を果たせました。また、来年の学生たちが強い日体大を取り戻すべく、がんばってくれると思います」

「プレーヤー・オブ・ザ・マッチ（POM）」に輝いた大野選手はまだ2年生。

「ここからスタートです。3年生以下は来年もがんばりましょう」

環境改善。〝ふっきメシ〟効果も

日本体育大学は、この国のラグビー史に欠かすことのできぬクラブである。かつて、素

スタンドでのノンメンバーの応援風景

歓喜のノーサイド（提供：矢部雅彦さん）

晴らしくオープンなランニングラグビーで日本を席巻した。1969（昭和44）年のシーズンでは、どこよりも走り回って日本のチャンピオンにもなった。

その伝統チームが2022年、入れ替え戦で成蹊大に敗れ、Bリーグ降格が決まった。屈辱だった。体制は一新され、秋廣監督、湯浅ヘッドコーチらのスタッフ陣となった。ラグビー部長も代わった。新チームの目標は単純明快だった。

『1部復帰！』

そのために環境も整備された。例えば、OBや保護者、教職員、ラグビー関係者の寄付を財源とし、シーズン中は昼食にスタミナ弁当が提供された。名付けて「ふっきメシ（1部復帰必勝メシ）」。部員の体重が2022年シーズン最後はスタート時から平均2～3キロ落ちたが、2023年は逆に平均1～2キロ増えた。フィジカルもアップした。

夏合宿直前には、強豪の日体大レスリング部との合同トレーニングに挑んだ。試合数を増やし、シーズン中にも帝京大や東海大との練習試合をお願いした。Aチームだけでなく、Bチーム、Cチームの練習試合も増やした。秋廣監督は「チーム全体のモチベーション、コンタクトレベルを上げるためです」と説明する。

伊藤主将が言葉を足す。

「Aチームだけでなく、チーム全体で同じ矢印で、1年間、取り組んできました。昨年の（入れ替え戦の）ことを忘れずに日々の練習に取り組んできました」

次の目標は大学選手権出場

Bリーグを7戦全勝で1位となり、入れ替え戦で昨年の雪辱を果たした。

献身的なプレーを見せたロックの岸佑融選手は「悔しいものがあった」と漏らした。

「1年間、ずっと、もやもやしたものがあったんです。まだまだ力不足。でも、やっとで、やり返すことができました」

正直、Aグループの上位校と比べると、日体大のチーム力は大きく劣る。フィジカルも、パワーも、スピードも、スキルも違う。判断のはやさも遅い。もう一段、二段のレベルアップを図らなければ、Aグループで戦っていくのは難儀だろう。

渡邊徹コーチは、「（勝因は）あきらめなかったことじゃないですか」と話し、さらに言葉を足した。

「来年はFWをもっと強くします」

湯浅ヘッドコーチは懇親会で3年生以下の部員たちに語りかけた。

「もう、この場（入れ替え戦）にはこないよう、来年は大学選手権をめざしてがんばりましょう」

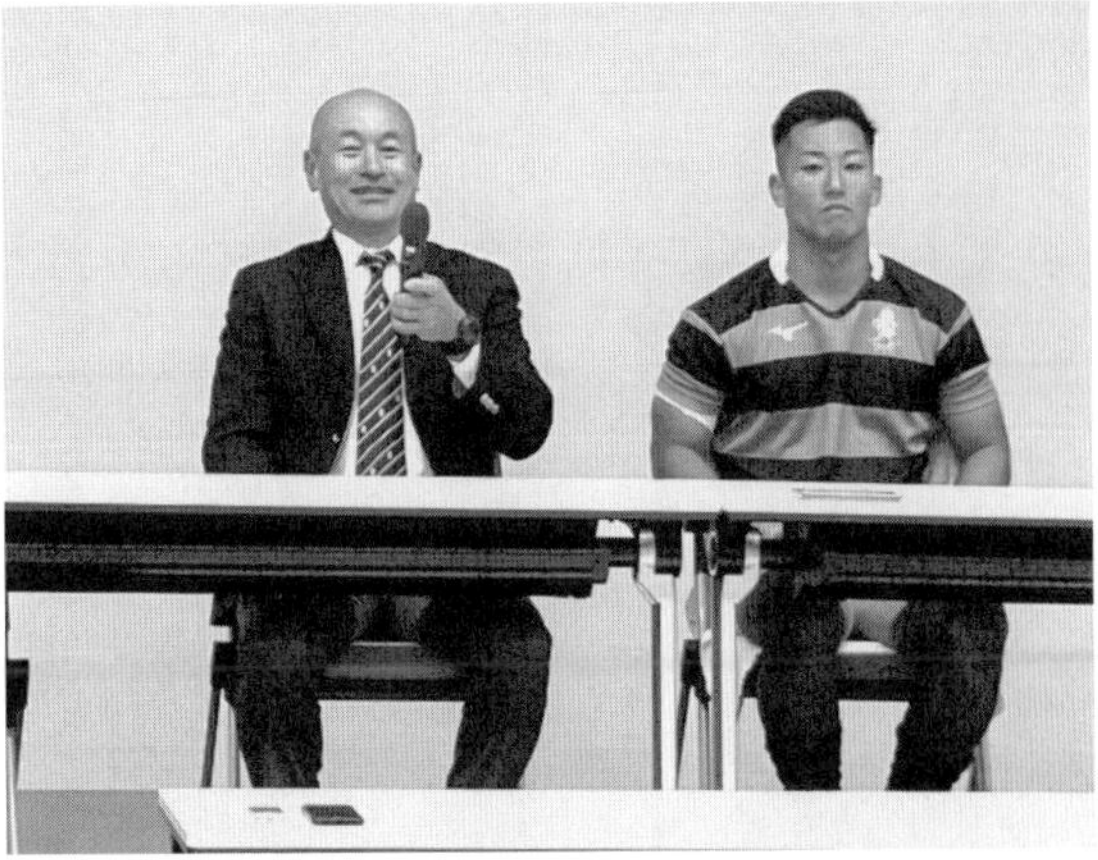

試合後の勝利会見。左から秋廣監督、伊藤主将

言葉通り、来年の新たな目標は全国大学選手権出場である。ラグビーマガジン誌の記者から、「現在地は？」と聞かれると、秋廣監督は少し考え、こう応えた。周囲からは「日体大はBグループにいてはいけない」と言われ続けてきた。

「チームを1部に上げることにホント、プレッシャーがありました。これで、やっとスタートラインに立ったかなという感じです」

そう。Aグループでも、チャレンジはまだ続くのだった。

西日差す中、１部復帰を喜ぶ日体大選手たち

第Ⅱ部　ラグビー部女子

第1章　ナンバーワンへ、走る日体大女子

1　日本女子ラグビーの旗手たれ！〔2023・4・9〕

　やはりラグビーっていいな。ラグビー仲間って最高だな、そうつくづく思う。4月8日の土曜日。ピンクのサクラの花びらが強い風に舞う中、横浜・健志台キャンパスのラグビー場では、濃紺ジャージの日体大や、桃色や黄色、青色などカラフルなジャージの〝ラグビー・ガールズ〟が躍動した。強く、速く、美しく。

「青天の霹靂」のラグビー部部長就任から1週間余。たくさんの引継ぎ作業に追われ、もう青息吐息、死にそうだ。でも、ラグビー界への恩返しである。やると覚悟を決めた以上、いろいろと大変なこともあるけれど、ポジティブに楽しんでやるしかない。

この日の女子セブンズの合同練習会である。三重の「PEARLS（パールズ）」や熊谷の「ARUKAS KUMAGAYA（アルカス熊谷）」、横浜の「YOKOHAMA TKM」など強豪7チームが日体大のラグビー場に集結した。

午前11時から、対戦相手を変えながら練習試合が続いた。どうしても、日体大の応援になる。おっ、はやっ。誰だ、あの選手は。近くの男子部員に聞けば、2年生の畑田桜子選手だった。僕のラグビーの恩師がかつてラグビー部を指導していた福岡・筑紫高校の卒業である。

試合観戦の傍ら、日体大ラグビー部女子の古賀千尋監督から日本代表スタッフや女子ラグビー関係者に紹介していただいた。みなさん、いい方ばかりで。

スタンドに上がれば、ラグビー仲間がたくさん、陣取っていた。僕の早大4年時の監督をしていただいた日本代表のレジェンド、植山信幸さんからは笑って、こう声をかけられた。「よっ、新米部長！」

そばにはTKM新監督の春口廣さんも座っていた。日体大OBである。関東学院大ラグビー部を6度の大学日本一に導いた名将なのだ。冗談口調で、「俺、監督見習いだから」

と謙遜されていた。周りの木々からは小鳥のさえずり、グラウンドからは女子選手の元気な掛け声が聞こえてくる。

73歳の春口さんはしみじみと漏らした。「みんな、キラキラ輝いているよね。俺からしたら子どもたちだよ。若い連中がさ、ラグビーを一生懸命やっている姿はやっぱり、いいよね。この活気、楽しいじゃないの」

僕は、大学教員ながら、スポーツ・ジャーナリストを長くしてきた。女子ラグビーも取材した。昔、ラグビーは「男のスポーツ」といわれていた。でも、女子ラガーはそんな偏見にもマケズ、チャレンジしてきた。苦難の時代を経て、いま上昇気流に乗っている。

そのチャレンジを率先してきたのは間違いなく、日体大のメンバーなのだ。1988年、女子ラグビー連盟が設立され、同時に日体大のラグビー部女子も創部された。厳しい環境下、女子ラグビーの選手も指導者もつくってきたのである。僕は練習試合を見ながら、そんな苦難の時代がまぶたに浮かび、つい涙腺が緩んだのだった。

女子ラグビーはいろんな方々にサポートされている。できれば、選手の方々もそれを知ってほしい、感謝してほしいのだ。例えば、日体大ラグビー部女子のオフィシャルパートナーである。有名な工具専門店『ファクトリーギア』には、2016年からずっと、チームをサポートしてもらってきている。

なぜ、日体大ラグビー部女子を応援してくれているのか。それを知りたくて、練習試合が終わると、雨の中、芝浦まで車を飛ばした。ファクトリーギア社の髙野倉匡人《たかのくらまさと》代表取締役社長に会うためである。

誠実な人だ。約束の時間に30分ほど遅れたのに、髙野倉社長は強い風雨の中、傘もささず、マンションの外にまで迎えに出てこられた。恐縮し、なぜ、日体大ラグビー部女子の応援を？　とストレートに聞いた。

高校時代、ラグビー部の主将だった髙野倉社長は即答された。

「ラグビーへの恩返しをやりたいと思ったんです。日体大には日本女子ラグビーの旗手であり続けてほしいと思いますね」

うれしい言葉である。日体大ラグビー部女子はしあわせなチームだ。旗手であるならば、強さだけではなく、人間力も大事だろう。

2　日体大ラグビー部女子スポンサー、支援理由は「ラグビーへの恩返し」

〔2023・4・11〕

大学のスポーツクラブの「台所事情」はどこぞも厳しい。エース松田凜日《りんか》選手ら日本代表選手が多数所属する日本体育大学のラグビー部女子も同様である。だから、オフィシャルパートナーのご支援はとてもありがたい。

例えば、有名な工具専門店『ファクトリーギア』には、2016年のパートナー制度発足時からずっと、チームをサポートしてきてもらった。素朴な疑問。なぜ、日体大ラグビー部女子を応援してくれているのか。それを知りたくて、同社の高野倉匡人代表取締役社長のご自宅を訪ねた。

「ラグビーへの恩返しですよ」。高野倉社長は柔和な顔を崩し、そう口にした。ラグビーと工具をこよなく愛する60歳。ラグビーの話題になれば、眼鏡の奥の目がなごむ。

「僕はやっぱり、高校の時にラグビーに出会って、大学でも〝くるみクラブ〟で続け、その素晴らしさを知ったんです。僕の高校時代は寮だったんですよ。寮生活とラグビーがなければ、今日の僕がないくらいのものだったんです」

高野倉社長は千葉・麗澤《れいたく》高校を卒業した。ラグビーの精神性に魅せられ、現役引退後はあびこラグビースクールで子どもたちを指導した。「ラグビーへの恩返しが人生のテーマだった」と笑う。

縁である。あびこラグビースクールの関係者からNEC（現NECグリーンロケッツ東葛）のメンバーと知り合い、その人が日体大ラグビー部女子のコーチとなった。チームの厳しい財政事情を知ることになり、会社として支援することになった。

同社長の述懐。

「女子ラグビーの現状を聞いて、これはどこかの企業がサポートする先鞭をつけないといけないと思ったんです。一生懸命やっている女子ラガーを応援し、少しでもいい環境を整えてくれれば、ラグビーへの恩返し、社会貢献にもなるんじゃないかと思ったんです」

日体大のラグビー部女子はフロンティアである。1988年、日本に女子ラグビー連盟が成立されると同時に日体大ラグビー部女子も創部された。まだ、ラグビーは〝男子のスポーツ〟といわれていた時代。厳しい環境下、女子選手たちはひたむきにチャレンジしてきた。

そんな苦難の時代があればこそ、女子も上昇気流に乗っている。15人制では、ラグビーワールドカップ（ＲＷＣ）２０１７に続き、２大会連続でのＲＷＣ２０２１への出場、7人制では1月のセブンズワールドシリーズＮＺ大会での過去最高の6位に入った。

ところで、ラグビーの魅力は。そう聞けば、髙野倉社長はあったかいコーヒーをひと口飲み、「自分自身がラグビーから学んだことはたくさんありますよ」と話し出した。

「一番大きなところは、個ではないところです。ラグビーは常にチームのために何ができるのか、全体のことを考えながら動いていきます。それを学んだ結果、自分が会社の経営者になれて、会社というひとつのチームをつくれているんです」

いわば、『ワン・フォア・オール、オール・フォア・ワン』の精神か。髙野倉社長は高校時代、ラグビー部の初代主将だった。現在、社員に時々、こう言うそうだ。「僕は、ずっとキャプテンをやりたかった」と。

「下を向いているやつがいたら、肩をたたいて、励ますんです。みんなを鼓舞しながら、最後はオールアウト（完全燃焼）する。チームのために全力を尽くしてきたキャプテンって一番カッコいいと思っていました」

何事にも歴史と理由がある。髙野倉社長は2015年のラグビーワールドカップを現地観戦し、日本代表が南アフリカに番狂わせを演じた瞬間、涙を流した。なぜかといえば、日本代表の苦難の時代がまぶたに浮かんだからだった。

「僕は、出来事の裏側にある時間とか人の思いとかが基調で、そこに心を動かされるのがすごくあるんです。大切なことは、その重ねられた歴史とストーリーなのです」

モノ作りも工具もラグビーも同様だろう。厳しい時代を見てきたからこそ、髙野倉社長は日体大ラグビー部女子を応援するのだった。

「日体大はいわば、体育の東大みたいなものでしょう。やっぱり全国のモデルになってほしいのです。女子ラグビーにしても、チームの運営の仕方にしても、女子学生ラグビーの旗手になっていただかないといけません」

言葉に熱がこもる。

「そう。日本女子ラグビーの旗手であり続けてほしいと思いますね」

あぁ日体大ラグビー部女子はなんとしあわせなチームなのだろう。

3　ラグビー仲間とギョウザ耳に助けられ〔2023・4・22〕

新学期である。新たなラグビー部長はとても忙しいのだ。前期は週9コマ（1コマ＝90分）の担当授業の準備や実施だけでなく、ラグビー部関係の学内業務、渉外にも追われている。忙し過ぎると、持病の腰痛が出てくる。ア、イ、タ、タ。現役時代の〝スクラム地獄〟のプロップ後遺症なのだろう、きっと。

金曜日は、1限、2限の授業を終えたあと、休む間もなく、ラグビー部女子の古賀監督の運転する水色の軽自動車で天王洲アイルへ向かった。スポンサーへのごあいさつのためである。苦労して作成した契約書をカバンに忍ばせ、ラグビー部のよもやま話をしながら、スポンサーのありがたさを確認していた。

予算が厳しい大学の運動部はどこも大変なのだ。チームを強くするためには、環境を整備しないといけない。当然、予算が必要になる。だから、営業なのだ。スポーツマネジメント学部の教授として、ふだんスポーツビジネスのうんちゃらかんちゃらと合理的な知識の体系を物知り顔で話しているが、それを実践するのがいかに難儀か。

高速道路の出口を間違ったため、天王洲アイルのファクトリーギア東京店に到着するのが約束の時間ぎりぎりとなった。濃紺のブレザーを羽織りながら、荒い息遣いで店に飛び込んだ。ハアハア。ギリギリセーフだった。

髙野倉社長はにこやかな表情で待っていた。やわらかなというか、いつも機嫌のよさそうなジェントルマンである。人柄だろう。話をしていて、こちらまでカンフォタブルになる。

車をビル地下の駐車場に停めて、古賀監督もダッシュで駆け付けてきた。焦げ茶色のソファーに座り、髙野倉社長とはいろいろな話をさせてもらった。言葉の端々にラグビーに対するラブがにじみ出ている。ビジネスライクに考えれば、たぶん、ラグビー部女子のスポンサーをするメリットはたかが知れているだろう。ラグビーを応援したいという気持ちがなければ、大学のラグビー部女子のスポンサードなどできるはずはない。ありがたいことだ。

話が弾んだ。終盤、古賀監督がぽろっとこぼした。

「私、ディー・アイ・ワイが趣味なんですよ」

〝ビックリ・ドンキー〟である（古い）。意外だった。ディー・アイ・ワイとは、「DIY（do-it-yourself）」のことだ。自分でやる。つまり、日曜大工など、自らテーブルや棚などをつくることなのだ。「ほら」と言って、スマホの画像を髙野倉社長に見てもらっていた。真っ白に自ら塗ったキッチンの棚だった。

ファクトリーギアは、このDIY工具の超有名会社なのだ。〝驚き桃の木山椒《さんしょ》の木〟である（これまた古い）。古賀監督、ラグビー選手の人づくり同様、ものづくりの名手でもあったのだ。

明るい雰囲気でミーティングは終わった。僕はといえば、古賀監督の隣で、スポンサーメリットを必死で説明し、ラグビー部へのご支援をお願いし、何度も頭を下げるだけだった。

その後、僕はモノレールとJRを乗り継いで、上野に向かった。古賀監督は、夕方の練習のため、健志台グラウンドへ車で戻った。

上野には、ラグビー部女子の別のスポンサー、『くらしナビ』がある。前部長と上野駅そばのビルのエントランスで合流し、今度はビル8階のくらしナビの加島大輔社長にごあいさつである。スポンサー継続のお願いだった。

加島社長は関東学院大でラグビーをしていた。僕が敬愛する春口先生のご指導を受けられたそうだ。ポジションはフランカー。いまはラグビースクールのコーチもされている。熱血漢である。

ラグビーが取り持つ「ご縁」に何度、助けられてきたことか。ラグビーボールは「楕円球」ならぬ、「だ〝縁〟球」と書くのだろう。こちらでは、ラグビーが子どもたちにとっていかに愉しい活動になるのか、といった話で盛り上がった。ラグビーは人づくりにもってこい、とつくづく思うのだ。

ラグビー好きに悪人はいない、が持論である。とくにプロップ出身にはいい人が多い、とも（研究データあり）。「ありがとうございます」と漏らし、スクラムでつぶれた〝ギョウザ耳〟を触るのだった。ア、イ、タ、タと腰を伸ばしながら。

いつも強く明るくたくましく。笑顔の日体大女子（提供：ラグビー部女子）

最後に感動的なエピソードをひとつ。午前の授業を終え、古賀監督の車に飛び乗ったため、昼食を食べる時間などなかった。

でも、である。車のドアを開ければ、助手席にはおいしそうな弁当がぽつんと置かれていた。「どうぞ」。この心配りに僕はココロで泣いたのだった。

4　ラグビーはひとりじゃできない　〔2023・5・8〕

びゅーびゅー。強い風が吹き荒れる。5月6日の土曜日。健志台キャンパスのラグビー場で、女子セブンズ（7人制ラグビー）の練習試合が開かれた。紺色や黄色、だいだい色など、七色の紫陽花《あじさい》のごとく、カラフルなジャージが躍動した。

『情熱』。紺色の日体大のジャージの背には白色でこう、描かれている。太陽生命カップに向け、どの選手もからだ全体から明るい覇気が漂っている。空は晴れ。生温かい強風が地面を走り、枯れ葉を吹き上げる。

選手たちの鋭い声が風に乗る。

「いけ〜！」

「早く出せ〜」

「前見て、前、前」

「ナイス、ナイス！」

その凪の壁を前傾姿勢となり、頭で切り抜けようとする。ラン、ラン、ラン。日体大はこの日、初戦の横河武蔵野アルテミスターズには敗れたものの、続くPTS、ARUKAS KUMAGAYAには快勝した。はやっ。畑田桜子選手がスキップを踏むように疾駆し、トライを量産した。

とはいえ、もちろん、周りの選手のがんばりがあればこそだろう。タックルに入った選手、ブレイクダウンに入った選手、パスでつないでくれた選手、みんなのおかげである。

やはり、ラグビーはひとりじゃできない。味方の選手だけでなく、相手チームがいれば、レフェリーもいる。この日のレフェリーは4人とも女性である。例えば、日体大の初戦の笛を吹いてくれたのが立ち姿も凛々しい牧野

試合の合間に円陣で指示を出す古賀監督（右端）

さんだった。

名前が「円」。「つぶら」と読むそうだ。あの1964年東京五輪のマラソン銅メダリスト、円谷《つぶらや》幸吉のつぶらである。これも円、いや縁《えん》である。

ということで、話を少し、聞いた。ジャーナリストの性である。すぐ話を聞きたくなるのだ。「えらい、すんまへん、ちょっと教えてください」といった感じだ。

牧野さん、ラグビーは4歳から始め、大阪教育大学からレフェリーもし始めたそうだ。卒業後、東京学芸大で修士号を取得された。「23歳からがっつりレフェリー」だそうだ。商社に勤務しながらレフェリーをされている。

ふむ、ふむ、で、楽しいですか？　そう唐突に聞けば、「楽しいですよ」と笑顔である。「ピッチに立てるのも楽しいし、いろんな人に会えるのもうれしいですね。（女子ラグビー界は）ファミリーですよ。男子より結び付きが強いと思います。先輩がいる、後輩がいる、友達がいる、この場にいることが非常に楽しいです」

レフェリーから見ても、女子ラグビーの環境は改善されたそうだ。練習試合でレフェリーをすれば、幾ばくかの謝礼が出るようになった。試合の数も増えた。「選手の成長も感じます。女子ラグビーのレベルが上がっているのは、毎試合、感じています」と言う。

ところで、日体大は？

「ニッタイさんはみんなラグビーをよく勉強していると思いますよ。チャレンジして、これはダメなんだとなるとすぐに対応できるのが強みでしょう。対応力が一番あるのがニッタイさんだと思います」

余談ながら、夫もレフェリーだそうだ。レフェリー夫婦とは。規則に厳しい家庭なのですか、と聞けば、冗談口調でおっしゃった。

「いや、いや。ただ、うちは家庭マネジメントが非常にやりやすいですね」

ところで、ラグビー場の出入り口の通路には受付のように長い机が置かれ、いろんな検査機器が並べてあった。

何かと思えば、NASS（日体大アスリートサポートシステム）のスタッフである。全部で6人。試合のフィットネスチェックや血液検査による生理的データを収集してくれているのだ。これはチーム強化に効果を発揮している。

黒色のiPadとにらめっこしている谷口耕輔さんにあいさつした。日体大のハイパフォーマンスセンターのAD助教である。よろしく、お願いします、と。

で、また、ストレートに聞いた。「ねえ、ねえ、オモシロいですか?」と。

真面目な谷口さん、ちょっと戸惑いながら、「そうですね、オモシロいですよ。苦労は多いですけど」。

試合直後、心拍数や血中乳酸濃度やらなんやらかんやらを調べるそうだ。実はよくわからないが、血液で疲労度などを確認してくれるのだろう。選手にはGPSも付いている。

谷口さんが簡単に説明してくれる。

「データを科学的に読み解いて、どう選手にフィードバックするのか、です。それがチームの強化に役立つのが励みです。チームの課題がわかり、さらに前に進むことにつながっていくことが楽しいですね」

この日の試合が終わった。出口で谷口さんにお礼を言えば、こちらも満面笑顔だった。

「貴重なデータがとれました」

余談だが、僕の血中アルコール濃度は、チュウハイのそれよりも濃いのではないか、たぶん。

ラグビーはひとりじゃできない。いろんな人のサポートがあればこそだな、とつくづく思うのだ。

5　ニッタイ・ラグビーの美徳体現――4年ぶりの決勝の風景

〔2023・5・21〕

アツいぞ、クマガヤなのです。日中の最高気温が30度突破。夏日となった日曜日の5月21日、日体大ユニコーンズが暑さに負けない〝熱量〟を発揮し、2019年以来の決勝の舞台にコマを進めた。拍手である。

勝負の『太陽生命ウィメンズセブンズシリーズ』第1戦、熊谷大会である。暑さにも体力を奪われたのだろう、日体大は決勝戦で力尽きた。強力な外国人選手たちを主軸とする「ながとブルーエンジェルス」にやられた。悔しいかな、選手たちは体力の限界を超えていたのだろう。

0-31の試合終了。重い足取りでバックスタンドの前に整列したスカイブルーと紺色の日体大選手たちの横縞ジャージィの背中が疲労と憂いを帯びていた。右端の松田奈菜実選手は松葉づえ姿である。白い包帯が目に痛々しくて。

決勝戦で敗れ、バックスタンド前に並んだ日体大女子選手

健闘の準優勝である。表彰式あとの記念撮影では、みんなで人差し指を立てて、こう声をあげた。

「ユニコーンズ、次は、ナンバーワン！」

スタジアムの通路で、この日活躍した新野《しんの》由里菜共同主将は、「悔しいです」と声を絞り出した。「（決勝では）自分たちのラグビーを全然、やれませんでした。次は勝ちます」

ただ収穫は大きかったのではないだろうか。何といっても、決勝の風景を見ることができたのだ。そこまでの日体大のラグビーは〝学生らしく〟、ひたむきなものだった。みんな、からだを張った。負けん気というか、意地というか、見る者の心の支持をつかんだのだ。日体大ラグビーの美徳の輝きだった。

この日は、朝6時に東京ディズニーランドそばの自宅を車で出た。土曜日は、リーグワンの決勝取材で熊谷には行けなかった。高速道路ではワクワク気分でスピードをあげた（スピード違反はしていません。念のため）。「オ〜、サンデー、サンシャイン♪」

ざっと2時間。熊谷ラグビー場の周りにピンクのつつじが咲き誇っている。朝の風がほおをなでる。周りのグラウンドでは、タグラグビー大会が開かれるそうで、子どもたちの笑顔があふれていた。かわいいフレンチブルも散歩していた。

サブグラウンドに行けば、いた、いた、日体大ユニコーンズのみんなが。濃紺のTシャツの背中には白字で「情熱」。〝死のグループ〟を3戦全勝で1位通過した自信だろうか、ほどよい緊張感の中、笑顔もあふれている。

誰か選手の声が聞こえてきた。「まあちゃん日記……」と。僕はつい大声をあげたのだ。「ちゃう、ちゃう、ホームページに書いているのは、まっちゃん日記ですよ。まあちゃんではなく、まっちゃん」と。

決勝トーナメント（1～8位決定戦）の初戦は、横河武蔵野アルテミスターズが相手だった。前半はヒヤヒヤしたけれど、前半終了のホーンが鳴ったあと、「負けるのが一番きらい！」と断言する向來《こうらい》桜子選手がPKからの速攻で同点トライを挙げた。12－12で折り返しだ。

後半は、日体大が主導権を握った。向來選手が約60メートルを走り切り、またまたトライ。〝リンカスペシャル〟2連発と松田凛日選手が連続トライを加える。松田奈菜実選手、大内田夏月《なつき》選手もトライし、終わってみれば、47－12の圧勝だった。

さあ、準決勝だ。相手は昨年の総合優勝の東京山九フェニックスである。元米国代表のニア・トリバーら強力な外国人を擁する難敵である。気力充実。試合の入りがばっちりだった。

開始直後、向來選手のオフロードパスから松田凛日選手が大きなストライドで走り切り、右隅に先制トライを挙げた。

ディフェンスがいい。堤ほの花選手のタックルが決まり、笑顔がはじける。高橋夏未選手がボールを動かす。4分。新野共同主将の絶妙のキックを、追走した松田凛日選手がさらに蹴り、堤選手がインゴールに押さえた。ブラボー！　12－0と先行した。

前半終了間際、トライを返されたが、後半1分30秒、松田凛日選手がラックの左サイドに持ち出して、ハンドオフを決め、中央に飛び込んだ。これまたブラボー！

ここから日体大は粘った。1トライを返され、5点差に詰め寄られた。試合終了間際、ピンチが続く。日体大から見ての右隅の攻防だった。ゴールライン直前、東あかり選手が猛然とタックルする。でも、相手に飛び込まれたかに見えた。Oh、No!　同点トライを奪われたか？

レフェリーの笛が鳴った。トライか。いやタックルされた相手のダブルモーションでのペナルティーである。東さん、ブラボー、ブラボー、もういっちょブラボーだ。19－14で試合終了。日体大がひとつになっての勝利である。

実況放送が場内に流れた。元日本代表エースの鈴木彩香さんの高い声がスタンドに響きわたった。「劇的な勝利で～す」

その後、通路でばったり会った彩香さんに日体大の美徳を聞いた。「粘り強さですかね」と言い、こう言葉を足してくれた。

表彰式後の記念撮影。「ユニコーンズ、次は、ナンバーワン！」

「〝上手下手〟じゃない次元のラグビーをいつもしています。それって、一番強くないですか。ラグビーって〝上手下手〟じゃないんだなって思わせてくれるんです。日体大は魂がベースなんですよ」

で、決勝は冒頭に書いた通りである。タイトなゲームをしのいで勝ち上がった日体大の選手には体力が残っていなかった。外国人選手が並ぶ「ながとブルーエンジェルス」とは選手個々の体力も実力も差があった。選手層も。

しかも日体大の主軸の松田凛日選手はコンディション不良で大事をとって出場できなかった。日体大選手は死力を振り絞った。

でも……。唯一のトライチャンスだった前半終盤。東選手が40メートルほど独走した。残念だ。フォロワーが誰もいなかった。

余談ですが。

この日、僕はリュックのポケットにピカピカ金色の金メダルチョコレートを入れていた。日体大が優勝したら、古賀千尋監督にプレゼントしようと考えていたのだった。で、忘れていた。ペンをポケットから出そうとしたら、金メダルチョコレートが暑さでドロドロに溶けていたのだ。ははは。

チョコレートのように真っ黒に日焼けした顔で笑うしかない。

戦い済んで日が暮れて。

西日が差し込むラグビー場の通路で、古賀監督はぽつりと漏らした。「選手に感謝です」。言葉に滋味があふれる。

「もう、からだを張って限界まで戦ってくれました。限界の、限界の、限界まで、やってくれたんです。感謝しかありません」

隣を通り過ぎる選手の目元が赤くなっていた。泣いたのだろうか。泣かないで。

僕は大声で言葉をかけた。
「ナイス・ファイト！」と。夢膨らむ第一歩である。感動をありがとう。

6　なぜ日体大ユニコーンズは見る人の魂を揺さぶるのか

〔2023・6・5〕

これぞ学生クラブの美徳か。女子7人制ラグビーの日体大ユニコーンズがひたむきプレーで、スタンドを沸かせ続けた。最後まであきらめず、結束してチャレンジする。誰もがチームのためにからだを張った。決勝戦。劇的な幕切れに少なくない数の人々の感涙をも誘った。こちらも、ちょっぴり泣けてきた。

またも健闘の準優勝。それでも、教育実習の合間、大会初日朝に栃木から駆け付けた日本代表のエース、4年生の松田凛日選手（國學院栃木高校出身）は小声を絞り出した。

「悔し過ぎるなあ」

古賀千尋監督はこうだ。トレードマークの濃紺の帽子の下の顔を少し歪めて。

「悔しい。本気で勝ちにいったんで、悔しいです」

素朴な疑問。なぜ日体大のひたむきなプレーは見る人の魂を揺さぶるのか。監督は少し考え、こう続けた。

「私は、〝組織は個に勝る〟とずっと言ってきています。(日体大が) どこよりもチームだからじゃないですか」

ロスタイム、執念のトライ

6月4日の東京・秩父宮ラグビー場。前日と違って、朝から青空が広がった。日中の最高気温が27度。初夏を思わせる陽差しの中、日体大が快進撃を続けた。

数少ない伝統的な横縞ジャージ、スカイブルーと紺色のそれが陽射しにキラキラ輝く。社会人の強豪クラブとは違い、外国人選手はひとりもいない。ただ結束があった。相手に挑みかかる気概があった。

国内最高峰の『太陽生命ウィメンズセブンズシリーズ』第2戦、東京大会。メインスタンドは約3千人の観客で埋まった。日体大は第1戦に続き、またも決勝に進出し、第1戦と同じく「ながとブルーエンジェルス」と対峙した。

試合終了のホーンが鳴る。次がラストプレーで、ながとボールのスクラムとなった。日体大の7点（ワントライ、ワンゴール）のビハインド。万事休ス。大きなため息がスタンドから漏れた。

でも、日体大はあきらめない。このスクラムをぐいと押し込んだ。凄まじいプレッシャーで、大会MVPとなった南アフリカ代表のナディーン・ルイスのハンドリングミスを誘い、ターンオーバー（攻守逆転）とした。

日体大が攻める。7人一体となって、攻めに攻めた。つなぐ。スペースを突く。タックルを受けると、素早く、激しい寄りでボールを生かす。回す。左から右へ、右から左へ、アングルチェンジを絡めて攻め続けた。もう執念だ。

相手の反則を誘発する。一度、二度。その都度、すぐにアタックする。スタンドのファンは日体大に声援と拍手を送る。「ニッタイ！　ニッタイ！」。ラックの右サイドを向來桜子選手が小刻みなステップで駆け抜け、ゴール直前までボールを運んだ。2つ目のラックの左サイドを共同主将の新野由里菜選手が突き、右中間に飛び込んだ。トライだ。新野も向來も両手を突き上げた。ともに顔はくしゃくしゃだ。電光掲示板の数字は試合時間の後半7分を大幅に超え、「9：10」だった。ゴールが決まれば、同点となる。延長にもつれ込む。

無情のゴール失敗、駆け寄るチームメイト

しかし、簡単そうに映るが、実は中央右寄りのドロップゴールは右足キッカーには意外に蹴りづらい。案の定、新野共同主将が蹴り込んだドロップゴールは無情にも左ポストに当たって外れた。22－24のノーサイド。あとひと息だった。

新野共同主将は両手で顔を覆い、そのままひざまずいて泣き崩れた。給水係が、そして東あかり選手がすぐに駆け寄り、他の選手も励ましに次々に集まった。いいチームだな。

新野共同主将の述懐。

「ああ、〝やっちゃった〟って思いました」

表彰式後、もう涙は乾いている。主将の言葉には悔しさと満足感が混じる。

「まあ、前回（熊谷大会）よりは自分たちの準備したことは出せました。ドロップゴールはもう、練習するしかありません。次に切り替えます」

学生のプライドとは。

「チャレンジすることですか。いつも、チャレンジャーということを肝に銘じています」

再び、松田選手。

「点差以上に力の差を感じました。例えば、ブレイクダウンのところだったり、接点のところだったり。まだまだ、差はあるなあって。いいファイトではなく、自分たちはやっぱり優勝したいので。次はしっかり準備して試合に臨みたいと思います」

スーパー大学生たちの誇り

このシリーズの第1戦の熊谷大会の決勝戦（5月21日）では、日体大は「ながとブルーエンジェルス」に0－31で完敗していた。確かに松田選手が欠場していたことはある。だが、とくにキックオフのレシーブ（7人制ラグビーではトライを取ったチームのキックで再開される）でやられた。反撃の糸口をつかめなかった。

だから、この2週間、キックオフのレシーブを徹底して練習してきた。男子選手にも手伝ってもらった。その効果だろう。布陣が安定し、向來らがナイスキャッチを重ね、何度も逆襲に転じたのだった。

日体大のキックオフから先制トライを奪われたが、前回決勝のように連続トライは許さなかった。松田選手の60メートル独走トライ、敵陣ゴール前の相手スペースを突いた大内田夏月選手の連続トライで12－7と一時は逆転した。

松田選手は言った。

「前回はキックオフの部分で〝ながとさん〟にやられていました。でも、今日は修正して、試合に臨めたのかな、と思います」

攻守に活躍した堤ほの花（ディックソリューションエンジニアリング）もまた、チームの成長を実感する。25歳のＯＧ。日本代表として、いぶし銀の光を放つ。言葉に充実感がにじむ。

「熊谷では悔しい気持ちが強かったんですけど、今日はやり切ったなと思いました」

学生チームのプライドを聞けば、「私は社会人のＯＧ枠ですから」と笑った。

「でも、気持ちは大学生。みんなと回復力がちょっと違いますけど。みんな、しっかり自分のやるべきことをやり切って、ちゃんと試合で出してくれます。スーパー大学生たちだなと思います。ほんと、誇らしいです」

準優勝にも「やり切った」日体大女子選手

学生のプライド

日本ラグビー協会の宮﨑善幸・女子セブンズ日本代表ナショナルチームディレクターは、「日体大の強さは〝学生のプライド〟」と表現した。

「相手に外国人がいようがいまいが、自分たちのラグビーで勝つといった強い気持ちを感じます。外国人がいなくても言い訳なしで勝負しているんです。どのチームも、日体大と戦うのが一番嫌なんじゃないでしょうか」

なるほど、激闘となった準決勝の東京山九フェニックスも、決勝のながとブルーエンジェルスも、組織ディフェンスで強力外国人を封じ込んでいった。ひとりでダメなら、2人のダブルタックル、3人のトリプルタックルで。倒れたら、すぐに立ち上がる。スペースをつぶす。そのためには相手を上回る運動量が求められる。タフな気持ちも。そこには厳しい毎日の鍛錬の跡が見えるのだった。

次こそ、ユニコーンズ、ナンバーワン！

試合後の表彰式。

準優勝のカップをもらい、日体大選手は記念撮影では人差し指を突き上げて声をあげた。

「次こそ、ユニコーンズ、ナンバーワン！」

学生ならではの覇気が風に乗る。笑顔がはじける。古賀監督はこう、しみじみと漏らした。

「学生にほんと、〝ありがとう〟ですよ」

グラウンドからの帰り際、4年生の松田選手と2年生の向來選手、高橋夏未選手の3人が並んでスタンド下のコンコースを歩く。

秩父宮大会でも準優勝と大健闘

学生のプライド？　いや日体大のプライド？　を聞けば、なんだろう、と笑い合った。

松田選手は言った。

「負けん気」

向來選手は笑いながら右手を頭にのせた。

「ここに角が生えていることかな」

日体大の愛称ユニコーンズのユニコーンは伝説上の動物「一角獣」である。額に魔力を持つ1本の角が生えているとされている。

向來選手は言った。

「私は、2年生だからまだ2本」

高橋選手も言葉を足した。

「私も、2年生だから2本。4年生は4本」

3人が口をそろえた。

「次こそ、ユニコーンズ、ナンバーワン!」

このポジティブさと明るさがいい。笑い声がコンコースに響きわたった。

7　日体大、チームプレーの真髄発揮で総合2位　〔2023・7・4〕

個人の成長とチームの進化

これぞチームプレーの輝きか。女子7人制ラグビーの年間王者を決めるシリーズ最終第4戦・花園大会最終日が2日行われ、日本体育大学が3位と健闘し、総合2位を決めた。学生ならではの全力プレーから、「個人の成長」と「チームの進化」が見てとれた。

炎天下の東大阪・花園ラグビー場。陽射しが傾く中での表彰式では選手たちに笑顔が広がった。ノーサイド。互いの健闘をたたえる。日体大は記念撮影の際、みんなでこう叫び、人差し指を立てた。

「ユニコーンズ、ナンバーワン！」

花園大会では3位。シリーズ総合2位を決めた日体大ユニコーンズ

ユニコーンズとは日体大の愛称である。ユニコーンは伝説の一角獣を意味し、唯一無二の存在を指す。確かに優勝はできなかったけれど、ラグビーらしいチームの完成度としてはナンバーワンだったかもしれない。

新野共同主将「めちゃくちゃ楽しかった」

日体大の選手たちの顔には、自分たちのラグビーをやり切ったとの満足感が漂っていた。共同主将の新野由里菜は「めちゃくちゃ楽しかったです」と笑った。

「持ち味の走りとつなぎ、組織ディフェンスを体現できました。自分たちの中で、かなり成長できたシリーズでした。みんな仲良し、信頼関係もバッチリ。〝自分たちはやれるんだ〟という自信がつきました」

最後の3位決定戦は死闘となった。相手は、昨年の総合優勝チーム、東京山九フェニックス。米国代表で鳴らしたエースのニア・トリバーの破壊力に3トライを許し、後半中盤で7点のビハインドを背負った。

この試合、日体大は攻守の要、OGの堤ほの花をけがで欠いていた。でも、全員がそのアナを埋め、つなぎにつなぎ、チームとして守った。とくに途中出場の梅津悠月選手の猛タックルはチームを勇気づけた。総合力勝負である。窮地に立ち、チーム間の信頼が威力を発揮する。

ラスト2分、左右につなぎ、最後は新野共同主将が真ん中に飛び込んだ。トライ。息を切らしながらも、同点ゴールキックを慎重に蹴り込んだ。試合は、5分ピリオドを繰り返す延長戦にもつれ込んだ。どちらかがポイントを入れたところで勝敗が決する「サドンデス方式」だ。

死闘の3位決定戦、総力戦

もう総力戦だった。メンバー交代でリザーブがグラウンドに入っている。それでも、戦力は落ちない。心のこもった連係プレーは乱れない。日体大はディフェンスに回っても、途中出場の高橋沙羅選手らが面となって圧を相手にかけた。暑いから、汗でボールが滑る。ノックオンを誘った。アドバンテージ！　このボールをすかさず拾って、かまわず攻めた。

大内田夏月選手がタックルを受けながら左手でオフロードパスし、手をたたいて呼んだ途中交代の樋口真央選手がもらって走る。激しいタックルを受ける。後ろからフォローした東あかり選手がボールをもらって、タックルを振り切って、インゴールに飛び込んだ。決勝トライだ。フォローの位置取りが絶妙だった。

24－19でノーサイド。ベンチから堤ら他の選手も駆け寄り、歓喜の輪ができた。いつも厳しい顔の古賀千尋監督も涙をこぼした。うれしくて、うれしくて。

古賀監督「バンザイ」

ノーサイドの瞬間の心境を聞けば、古賀監督は声を弾ませた。「バンザイッでした」。白色のサファリハットの下の顔はもう、くしゃくしゃだ。

「観客席に向かって、ワーッと叫んだと思います。最後はリザーブも全員入れて。その子たちが活躍してくれました。ほの花（堤選手）がけがしていたこともあって、みんな必死で。最後、チームとしてやれました。それがうれしくて、もう泣いちゃった」

いいチームである。外国人はひとりもいない。だから、よりコミュニケーションを大事にする。互いを信頼する。同じ絵をみる。猛練習ゆえの「あ・うん」の呼吸でパスをつなぐ。おそらく、プレーしている選手も楽しいだろう。

準決勝は4大会連続で完全優勝を遂げた「ながとブルーエンジェルス」と対戦した。主軸の外国人選手にトライを連取されて、0-24で完敗した。ショックかと思いきや、古賀監督によると、試合後のロッカールームでは爆笑が渦巻いていたそうだ。

「大敗したら普通、お葬式みたいに落ち込むじゃないですか。でも、このチームはならない。敗戦の映像をレビューしながら、みんな、大爆笑していました。明るい。悲壮感がないんです。落ち込んだってしょうがないじゃんって」

試合テーマは「笑って楽しむ」

その準決勝から約2時間後。3位決定戦の試合テーマは「最後だから、笑って楽しむ」だった。みんなでエンジョイだ！

表彰式後の通路で向來桜子選手と大内田選手は笑って、声をそろえた。

「みんな、めちゃ仲がいい。みんな、互いを大好きなんです」

選手の満足感は、何より「自分の成長」があればこそ。「チームの進化」を実感できてこそだろう。昨年は年間総合5位。上位4チームには一度も勝てなかった。それが、2023年は、準優勝、準優勝、準優勝、そして3位だった。もちろん、対戦カードの運・不運はあるだろうが、ながとブルーエンジェルス以外のチームには負けなかった。

それは、チームの底上げ、選手層の厚みが増したからだ。ふだんの古賀監督の熱血指導、練習の充実があればこそ、だろう。

しかも、みんな「ひたむき」だから、ラグビーの美徳のような何かを、日体大は体現できたのである。見る者の心の支持をつかんだのだ。これはよきカルチャーだろう。

エース松田、次はパリ五輪

そういえば、表彰式の総合優勝・2位の合同記念撮影でリードの掛け声をかけたのは中心にいた日体大のエース、松田凛日選手だった。

もう日本女子ラグビー界の「太陽」のような存在だ。シリーズの印象を聞けば、こう笑顔で即答した。

「楽しかったです」

ひと呼吸おき、こう言葉を足した。

「いや、楽しかったけれど、優勝できなくて悔しさもありました。楽しいと悔しいが半々かな。でもいままでで一番、楽しかったのは間違いありません」

自分の成長は？

「判断の部分です。自分が勝負を仕掛けるべきなのか、ボールを離すべきなのか。自分の判断が正しいことが増えたのかなと思います」

新たな目標は、日本代表としての来年のパリ五輪出場である。秋には五輪予選を控えている。本番はこれから、である。

「はい、そちらも、楽しんでやりたいです」

次のターゲットは選手それぞれながら、ひたむきな日体大の女子選手たちの成長はまだまだ、続くのである。

8 日体大、やっとナンバーワン！ 炎天下、自信と信頼の大学連覇

〔2023・7・24〕

胴上げの古賀監督「うれしかった」

アツい、アツい、アツい大学日本一である。

女子7人制ラグビーの大学交流大会「Women's College Sevens 2023」が7月23日に開催され、日体大が決勝で東京山九フェニックスを19－12で破り、2連覇を果たした。暑さにめげず、全員で明るく元気でひたむきなラグビーで頂点に立った。

日中の最高気温は35度。猛烈な暑さの埼玉県熊谷市の立正大グラウンド。周りの木々の

セミしぐれの大合唱の中、日体大の古賀千尋監督が5度、宙に舞う。

「（胴上げは）こわかったけど、うれしかった」と古賀監督は言い、笑顔でこう続けた。

「やっとでナンバーワンになれました。太陽生命で自分たちはやれるという自信は持っていましたけれど、ただ優勝には至らなかったので……。それを手にできてよかったんじゃないかなと思います」

そうなのだ。社会人クラブを含めて戦う国内最高峰の『太陽生命ウィメンズセブンズシリーズ』（全4戦）で、日体大は準優勝、準優勝、準優勝、3位の総合2位と大健闘した。でも、優勝には一度も届かなかったのだった。

涙の新野共同主将「一番いい形で終われたのでよかった」

古賀監督の視線の先には、グラウンドで選手たちが記念撮影に興じていた。試合を陰でサポートしてくれた部員たちも一緒になって歓喜の輪をつくる。不思議な一体感、笑顔がはじける。

いつもの決めポーズ。みんな笑って人差し指を立てる。ハイ、声を合わせて。

「ユニコーンズ、ナンバーワンッ！」

もう疲労困憊。からだを張った新野由里菜共同主将はふらふらだった。7人制ラグビーシーズンを締めくくる大会。「最後」と漏らすと、目から涙があふれ出した。涙声で続ける。

「全員でがんばってとれた優勝だと思います。うれしいです。本当に自分たちが学生のナンバーワンであることを見せることができました。一番いい形で（セブンズシーズンを）終われたのでよかったと思います」

その涙のワケは？　ホッとしたの？　と聞けば、新野共同主将は泣きながらうなずいた。

相次ぐ逆転勝利で決勝戦へ

太陽生命シリーズで結果を残しながらも、日体大の布陣は盤石ではなかった。日本代表の松田凛日選手、堤ほの花選手、高橋夏未選手ら10人が合宿や遠征などで抜けていた。海外から帰国したばかりで時差ボケの残る向來桜子選手、大内田夏月選手、畑田桜子選手を今大会に起用せざるをえなかった。

7月23日の決勝トーナメント。初戦の準々決勝の流経大「ＲＫＵグレース」戦も、続く準決勝の日本経済大学戦も相手チームに先制された。いずれも前半は7－12のビハインドで折り返した。でも、日体大は慌てない。ここに、チームの自信と成長の跡が見える。

そういえば、準決勝のハーフタイム。円陣で、負けじ魂の固まりの向來選手が叫んだ。

「太陽生命2位なんて関係ないよ！」

向來選手は、チームの奮起を促したのだった。試合後、その言葉の真意を聞けば、向來選手はこう、説明してくれた。「太陽生命で総合2位になったからって、どこにも簡単に勝てるわけじゃないよって言いたかったんです。まだ1位にはなったことないんだから、必死になってやらないと、試合には勝てないよって」と。

日体大は結局、後半、猛反撃し、ＲＫＵグレースに19－12で、日本経済大学には28－12で逆転勝ちした。いずれも、後半は無失点、日体大ならではの集中力と「堅守」が光った。

これは厳しい練習のたまものだろう。

酷暑の決勝戦。チーム一丸の粘り勝ち

決勝の東京山九フェニックス戦は、最も陽射しが厳しい午後2時過ぎにキックオフだった。大内田選手は体調不良で欠場した。でも、チーム一丸。

前半の中盤。攻められての自陣から、黒色ヘッドキャップの新野共同主将がスペースを突き、一気に70メートルほど走り切った。先制トライ。その1分後、中盤で向來選手が暴れてビッグゲインし、つないで、樋口真央選手が中央に飛び込んだ。

後半、相手に2トライを許すも、中盤、相手がこぼした低いボールを高橋沙羅選手が瞬時に拾ってゲインし、回して、新野共同主将のトライにつなげた。19－12で競り勝った。苦しんで、苦しんでの、粘り勝ちだった。

効果発揮した暑さ対策

1日の試合数が多い7人制ラグビーの大会はタイムマネジメントが大切な要因となる。加えて、炎天下の大会ゆえ、選手のコンディショニングと暑熱環境における熱中症対策もポイントだろう。

古賀監督に聞けば、日体大は大学のスポーツ推進の中核を担う『アスレチックデパートメント』の『日体大アスリートサポートシステム（NASS）』の支援を受け、水分、塩分などの補給で対策を練っていた。また、よく見れば、試合中、じょうろに氷水を入れて、ひんぱんに選手の手の平や両手、両足などを冷やしていた。

古賀監督が説明する。

「深部体温をあげないためです。手の平には毛細血管があるので、そこを冷やすと意外と体温が早く下がるのです」

強い日差しの下の日体大テント

古賀監督もトレーナーも選手のコンディション維持には最大限の気を配る。試合が終われば、体温を下げるため、テント下やクーラーが効いたロッカー室への移動を急がせた。

いわば、そういった暑さ対策もあっての、総合力の優勝だったわけである。

たくましい成長「次は15人制で」

チームの成長でいえば、15人制ラグビーの練習から継続してきたコリジョン（接点）強化が実ったようだ。コンタクトエリアでは、ボールキャリアに両サイドが走り込む。ブレイクダウンの改善が、日体大の走ってつなぐ『ランニングラグビー』にリズムをつけた。もちろん、ベースは個々のタックル、チームのディフェンス網の向上があればこそ。勝因をひと言でいえばと聞けば、古賀監督はしばし、考え込んだ。

「堅守速攻……と言いたいけれど、速攻があまりなかったので、堅守の勝利ですか」

ひと呼吸おいて、こう続けた。言葉に充実感がにじむ。

「この優勝で弾みをつけて、15人制（シーズン）に向かいたい」

まだ成長過程。つくづく学生スポーツとは人間である。見ているこちらの胸もつい熱くなる。我々は、新芽のごとき、若者たちのたくましい成長を見ているのである。

【余談】僕も、学生たちに胴上げしてもらいました。随分と逃げ回ったのですが、結局、僕のラッキーナンバーと同じく3回。恥ずかしいやら、うれしいやら。胴上げされたのは、結婚式以来、約40年ぶりのことでした。正直にいえば、天にも昇る心持ちでした。みなさん、ありがとうございました。

第2章　完全燃焼のノーサイド

9　コンディションを可視化する。成長の近道。——NASSがセミナー開催〔2023・10・1〕

睡眠不足だと足が遅くなる、って本当なのか。プレーヤーのコンディションとパフォーマンスの関係はどうなっているのか。これまで感覚で表現されがちだった〝質〟を、数値で把握することがトレンドになりつつある。そんな風潮の中、日本体育大学でアスリートのコンディションに関するセミナーが開かれた。題して、「コンディショニングアプリをどう活用するか?」——。

日体大では、選手のコンディションを見える化する「ONE TAP SPORTS」がラグビー部女子などで導入されている。土曜の9月30日、横浜・健志台キャンパスで、学内の指導者およびアスリートのためのセミナーが開かれたのだった。

このコンディション管理ソフトは、2012年に株式会社ユーフォリアによって開発されて、2015年ラグビーワールドカップでも利用された。プレーヤーたちの日々の体調のコンディション管理・把握を行い、アスリートの自己管理能力の改善や傷害発生を予防し、アスリート、チームのパフォーマンスを高めることを目的としている。

日体大には独自の学生アスリート支援システムである『日体大アスリートサポートシステム（NASS）』があり、様々な領域の専門家が連携しながら多岐にわたるサポートを展開している。今回のセミナーはNASSにおける医・科学サポートを担っているハイパフォーマンスセンター主催のもと実施された。データの活用方法などにおける情報共有を図り、活用を活発化するとともに、導入クラブを拡大させるためだった。

ラグビー部女子では、「ONE TAP SPORTS」を2020年に導入した。同クラブの場合、毎日の入力項目は、「体温」「体調不良の有無」「腰の痛み／張り」「ハムストリングの痛み」「睡眠時間」「睡眠の質」「精神的な疲労度」「体重」「体脂肪率」などとなっている。部員は毎日、それぞれ0〜100の数値を入れることになっている。数値が低いと、アラートを意味する赤色で表示される。

効果は何といっても、自己管理の意識が高まることだろう。加えて、古賀千尋監督は「選手たちのコンディションが良いのか悪いのかを毎日、私が確認できます」と言う。

「うちは腰椎の椎間板ヘルニア気味の選手が多かったりするので、とくに腰の痛みや張りだったりは必ず、確認するようにしています。例えば、複数の選手が同じ日に腰の痛み／張りのアラートが出ていると、練習の強度を調整することになります」

ラグビー部女子では代表活動で部活を抜けるアスリートが多い。その場合は、代表で同じような体調管理がなされているため、部のアプリには入力する必要がなくなる。でも、時折、「精神的な疲労度」にがくんと落ちた数値を入れる学生がいる。SOSの信号かもしれない。古賀監督は、即座にラインを送る。「元気か？　そっちではどうしている？」と。

つまり、「ONE TAP SPORTS」は指導者と選手のコミュニケーションツールともなっているのだ。古賀監督はセミナーで説明する。

「毎日、決まった時間にデータが送られてきます。その数値を見て、この選手は腰が張っているので注意しようとか、みんな疲れているから、練習は軽めにしようとか判断することになります。コメントとして、ビンに入れたお手紙ではありませんが、グループラインでは送れないような、個人の思いのこもったメッセージが送られてくることもあります」

セミナーには、練習を終えたばかりの部員たちも参加してくれていた。

4年の高橋沙羅選手は「自己管理の意識が高まります」と言う。

「数値は、目に見えてわかりやすいので、自分の体調を把握しやすいです。例えば、疲労度の数値を見て、〝今日は結構、練習ができそうだ〟とか、〝調子がいいな〟とか」

沙羅選手は4年間、毎朝、体重をアプリに入力してきた。

「朝ごはんの前に必ず、記録しています。やっぱり、強度の高い練習の翌日は体重が減っていて、その時は、朝ごはんをもっとしっかり食べようとか心掛けてきました。コンディションが数値でわかるのは助かります」

同じく4年の東あかり選手はこうだ。

「このワンタップを使えば、自分のコンディションを自分で把握できます。練習の強度が高いと自分の数値に反映され、意外と疲れているのだとわかります。そんな時は、ウエイトの時に重量を少し落としたりするんです。私は、朝起きてすぐ、入力しています」

1年の高橋夢来《ゆらら》選手は、神奈川・桐蔭学園高校時代からコンディションアプリを使っていたという。だから、自己管理意識がより高いのだろう。

「毎日の練習で100%の力を出し切りたいので、自分のコンディションを知っておくことが大事になります」

素朴な疑問。部員たちは毎日の入力が面倒ではないのだろうか。さぼることは？ ラグビー部女子の入力率は85%を超える。利用クラブのほとんどがリマインド担当の部員を置いて、入力を呼び掛けているそうだ。

セミナーでは質疑応答もあった。睡眠時間に関する質問には、俊足の東選手が「ベストな睡眠時間をとるように心掛けています」と回答してくれた。

「あまり短い睡眠時間だとパフォーマンスに影響を与えることがわかります。時間が足りないと足が遅くなる気がします。寝不足だと、からだが重くて」

理想の睡眠時間とは。

「自分は、7時間がベストです」

既に「ONE TAP SPORTS」を導入しているトランポリンの大嶋諒人コーチから は、部員の入力のタイミングや入力項目に関する質問もあった。議論は熱を帯びたのだった。

チーム強化の要諦は、睡眠、食事、トレーニングか。けが予防として、自己管理は欠かせない。「ONE TAP SPORTS」を導入しているクラブに共通しているのは、それが自己管理を促し、コンディション不良によるけがは減少し、チーム力の維持・向上が図られていることだろう。

10　感謝の進撃。サポート受け、日体大女子が8トライ奪取で2連勝：日体大×立正大ARUKASバーバリアンズ〔2023・11・10〕

強いだけじゃ勝てない、のである。周りに愛されないと。大リーグの2023年シーズン、満票MVPの大谷翔平選手は、ファン、野球仲間、スポンサーのサポートを受け、活躍している。日体大女子もまた、同じなのだ。「ニッタイ、がんばれ！」、その声援が力を引き出すのである。

「ちょっとうれしいですよ」。日体大女子ラグビーを2016年からサポートしていただいている工具専門店ファクトリーギア社の髙野倉匡人社長はそう、口を開いた。この日の秋空のような爽やかな笑顔を浮かべて。

「女子のレベルが上がり過ぎて、びっくりです。日体大にご縁をいただいて、もう7年、8年になりますけれど、その時のレベルといまのレベルでは全然違いますよね。その（日体大のレベルアップの）一助になれたのかなって。うれしいです」

周囲の応援、サポート。古賀監督「チームの力になります」

11月19日。横浜・青葉台の日体大健志台ラグビー場。とても高い真っ青な秋の空の下、黄色や深紅に周囲の木々が色づいている。関東女子ラグビー大会「OTOWAカップ」。日体大は立正大ARUKASバーバリアンズと対戦し、52－17で快勝した。順調に開幕2連勝である。

試合直前、円陣を組む日体大女子（提供：善場教喜さん）

ホームだからだろうか、チーム関係者のほか、部員の保護者、OG、女子サッカー部、スポンサーの方々がスタンドに駆け付けてくれた。これは、チームの力になりますか？と声をかければ、古賀千尋監督は即答だった。

「なります、なります」

苦しんだ前半

円陣で掛け声をかける日体大女子（提供：善場教喜さん）

「丁寧なラグビー」が試合のテーマだった。初戦ではハンドリングミスを続発し、持ち前のランニングラグビーがあまり円滑に機能しなかった。この日は立ち上がりこそ、相手の激しいディフェンスに苦しんだが、徐々に本来のパスプレー、ランニング、そしてチームプレーが発揮されていった。

紺色のセカンドジャージの日体大は前半4分、ターンオーバーから右につないでCTB山田莉瑚選手が先制トライ。相手にトライを返されたが、10分過ぎ、プロップ森永菜月選手らがスクラムを押し込んでコラプシングの反則をもぎ取る。すかさず攻め

て、プロップ峰愛美選手がラックの左サイドを突いてトライ！（その後のプレーで峰選手は足を傷めて負傷退場。もう、痛そうで）

ここからである。ハンドリングミスが相次ぐ。相手に2トライを返される。12－17と逆転された。嫌な雰囲気である。でも、グラウンドの選手から大きな声が出た。

「ニッタイ、イケるよ！」

西村咲都希選手「赤色キャップは父からのプレゼント」

前半30分過ぎ、左右の展開から、ＣＴＢの新野由里菜共同主将がぴゅーっと切れ込んで、真っ赤なヘッドキャップの1年生ロックの西村咲都希《さつき》選手がラックサイドを突いてトライした。前半終了間際にも、スクラムのサインプレーからＳＯ大内田夏月選手がタテに切れ込んで、西村選手がインゴールに飛び込んだ。ゴールも決まって、26－17で前半を折り返した。

スタンドから見ると、サンタクロースの帽子のごとき、赤色のヘッドキャップは目立つ。よく見れば、赤色と黒色である。タテへのキレキレのランニングで、この試合の「プレーヤー・オブ・ザ・マッチ（ＰＯＭ）」に選ばれた西村選手。試合後は、「うれしいです」と顔をくしゃくしゃにしていた。

で、そのユニークなヘッドキャップは？　と聞けば、石見智翠館高校1年の時に父親からプレゼントされたものだった。

「デザインもおとうさんが考えたのです。アカクロが好きなんです」

ニッタイ、ブギウギ♪

後半は、ナンバー8のポジションの畑田桜子選手がＣＴＢの位置に回った。向來桜子選手ら代表クラスが交代出場したこともあるのだろう、アタックのリズムが俄然、よくなった。何といっても、接点でみんな前に出て、ブレイクダウンからの球出しがテンポよくなった。交代出場のＳＨ山本彩花選手の球さばきもテンポアップ。

おっさんの耳には、スイングの効いた8ビートの東京ブギウギのリズムがどこからか、聞こえてきた。

ニッタイ、ブギウギ♪

リズム、ウキウキ♪

ココロ、ズキズキ、ワクワク♪

古賀監督「丁寧にやろうとする意識があった」

後半は先週の試合の課題だったラインアウトの獲得率が100％となった。スクラムも強固だし、セットプレーが安定すれば、日体のランニングラグビーが威力を発揮する。とくにラインアウトのスローワー、フッカー根塚智華《ちはる》選手はエライ！

後半3分は、フッカー根塚選手、プロップ森永選手とタテにつなぎ、最後は西村澪《みお》選手が中央に飛び込んだ。

生きたボールが出れば、SO大内田選手のパスワークも冴える。SO大内田選手、西村澪選手がトライを重ね、最後はCTB新野共同主将のキックパスをWTB梅津悠月選手が捕ってトライを取った。後半は、日体が4トライし、相手をノートライに封じた。

古賀監督もご機嫌である。丁寧なラグビーができましたか？と質問すれば、首を

試合後、スポンサーのファクトリーギアの髙野倉社長と一緒に記念撮影（提供：善場教喜さん）

ちょっとひねって、「ま。やってはいましたね」と苦笑いだ。

「丁寧にやろうとする意識があったんで。（ハンドリング）エラーは減りました。ラインアウトの獲得率は後半、ひゃくぱー（100％）だったから、素晴らしかったですね」

課題は、試合の入り（立ち上がり）である。

ファクトリーギア賞は畑田選手と新野共同主将に

そうそう、日体大の公式ジャージの右肩にはファクトリーギアのロゴがついている。

この日は、試合で活躍した畑田選手、新野共同主将の2人には、「がんばったでしょう(賞)」ということで、『ファクトリーギア賞』が髙野倉社長から直接渡された。紺色の地に黄色の文字で「工具好き」と描かれている。最後は、みんなで記念撮影である。はい、チーズ！　パシャ！　秋空の下、キラキラと笑顔が輝いて見えた。

新野共同主将「応援されると、スイッチが入ります」

この日、古賀監督から敢闘賞の『ゴールドシール』をもらったのは、根塚選手と山本選手だった。いつも日体大の女子ラグビーを応援してくれている善場教喜さんからもプレゼントがあった。善場さんは試合の写真も撮っていただいている。時折、差し入れもいただく。

善場さんは言う。「世界や日本一、そういった高い目標に向けて、がんばっている子たちを応援したいんです」と。ありがたいことである。

日体大ラグビー部女子は、いろんな方々に応援されている。

いつも陽気な新野共同主将は試合後、女子サッカー部の友人ときゃっきゃと騒いでいた。

「ワタシ、人気もんなんで」なんて笑う。

「人に応援されると、よけい、がんばんなきゃとスイッチが入ります。なんか、気持ちが入って、チームも強くなる気がします。うれしいです」

天国の難波良紀さんを追悼

そういえば、試合前、澄んだ空気をレフェリーの「黙とうっ」という高い声が切り裂いた。女子ラグビーのBrave Louveのゼネラルマネジャー、難波良紀さんの追悼である。難波さんは11月8日に病気でご逝去された。享年56だった。

難波さんには日体大女子も応援してもらっていた。ラグビーが大好きで、スポーツ愛、人間愛に満ちあふれていた。合掌。

日体大女子もまた、「ラグビー愛」と「感謝」とともに全力でプレーするのである。

11 メリー・クリスマス！　日体大女子が劇的勝利でリーグトップへ‥日体大×YOKOHAMA TKM

〔2023年12月25日〕

しあわせなクリスマス・イブである。まるで「勝利」のプレゼント袋を背負った赤い帽子のサンタクロースが、〝がんばり屋〟の日体大ラグビー部女子のところにやってきたようなものだ。ノーサイド。スタンドに陣取ったラグビー部の男子部員が素っ頓狂な大声を発した。「メリー・クリスマッ」。笑い声が流れる。

日体大が死闘制す。古賀監督「大きな、大きな、勝利です」

12月24日、府中市の府中朝日フットボールパーク。15人制の関東女子ラグビー大会「OTOWAカップ」。全国大会準決勝進出への生き残りをかけた3勝1敗同士の対戦は死闘となった。ロスタイム、日体大が劇的な決勝トライでYOKOHAMA TKMを24－17と下し、勝ち点を19に伸ばしてリーグトップに躍り出た。

スタンドには、先週、関東大学対抗戦1部復帰を決めた日体大ラグビー部男子の秋廣秀一監督ほか、部員が大挙して応援に駆け付けてくれた。先週の入れ替え戦のお返しといったところだろう。寒波襲来、でも雲ひとつない青空の下、「ニッタイダイ！　ニッタイダイ！」との掛け声と手拍子がずっと鳴り続けていた。

学生クラブならではの光景だった。日体大女子の古賀千尋監督は試合直後、男子部員のグループのところまで来て、笑顔で頭を下げた。「みんな、ありがとね」。そして、こう、しみじみと漏らした。

「みなさんのおかげです。応援、素晴らしかったです。大きな、大きな、勝利です」

死闘を制した日体大女子

信頼の決勝トライ。「ほって」「ねえさ～ん」

試合のロスタイムは3分だった。スコアが17－17。相手ボールのスクラムから、ＹＯＫＯＨＡＭＡ　ＴＫＭが強力な元フィジー代表の選手を軸として攻め続ける。小柄な日体大はタックル、タックル、またタックル。笛が鳴る。ペナルティーである。

まだ、試合が続く。日体大が中盤から最後のアタックを仕掛ける。右に左に大きく展開する。右ライン際のポイントから、ラックサイドをフランカーの持田音帆莉《ねおり》選手が持ち出した。後半途中から交代で入った日本代表のＯＧ、「ネエさん」こと、頼りになる堤ほの花選手が左サイドから声を出す。

「ほって」

堤選手がスペースを突いて、ビッグゲインする。タックルを受ける瞬間、左サイドから勝負師のＣＴＢ新野由里菜共同主将が大声を発した。

「ねえさ～ん」

信頼をのせたボールがオフロードパスで新野共同主将にわたった。新野選手が脱兎のごとく、一目散に走る。そういえば、2023年はウサギ年。年が暮れていく。走る、走る、走る。

ざっと20メートルを走り切り、インゴールに飛び込んだ。

決勝トライである。新野共同主将がゴールキックを蹴り込んだ。24－17。右こぶしを突き上げながら、仲間のところに駆けてくる。もちろん、笑顔で。

ノーサイドである。歓喜の爆発。裏方に回ったウォーターボーイ（水係）の松田凛日選手も、ベンチの控え選手も、スタンドのノンメンバーも、泣いていた。男子部員も立ち上がって絶叫していた。「やったぁ～」「かったぁ～」「にったいぃぃぃ」

「スター・オブ・ザ・マッチ」の堤選手「ホッとしました」

試合の「スター・オブ・ザ・マッチ」（最優秀選手）に選ばれた堤選手は試合後、「久々に15人制ラグビーができて楽しかったです」と声を弾ませた。

「最後、10分ぐらいしか出ていませんが、自分の責任をまっとうしようと思ってプレーしました。（決勝トライの場面は）イケると思って。新野の必死な声が聞こえてきて。〝お願い〟と思いながら、ボールを渡しました」

ひと呼吸、つく。北風がピュ～とほおをなでる。

「ホッとしました。あ～、勝ってよかった。勝ち切れて、次につなぐことができてよかったなって思います」

新野共同主将も、「最高で～す」と笑顔である。

「最後、レフェリーの〝ノータイム〟の声がかかっていたので、もう必死でした」

「よく走り切りましたね」と声をかければ、「足がつっていました。〝オニださ〟かったでしょ」とこぼす。

オニださ、とは？

「ははは。トライの仕方がオニださ、鬼のようにださかったという意味で～す」

とってとられての激闘「Be Powerful」

この日の試合のテーマは、今季のチームスローガンの「Be Powerful」だった。ポイントは、「セットピース」「外国人対策」「ペナルティー」の3つ。スクラムで押す、ラインアウトで優位に立つ。強力な3人の外国人を猛タックルで食い止める。走らせない。そして、不用意なペナルティーは犯さない、である。

前半、小牧日菜多《ひなた》共同主将、根塚智華選手、牛嶋菜々子選手のフロントロー陣がスクラムで踏ん張った。バック5（ロック、フランカー、ナンバー8）も結束して重圧を前に押した。タテに伸びたいいシルエットのスクラムだった。

ただ、コリジョン（接点）ではやや後手を踏んでいた。相手に先制トライを取られたが、からだを張ったロックの村瀬加純選手がトライを返した。その後、トライを与えたが、スクラムの左オープンのサインプレーからＣＴＢ畑田桜子選手が切れ味鋭く走り切り、逆転トライを決めた。12－10で折り返す。

後半、開始直後にトライを奪われてしまった。相手の元フィジー代表のエースがイエローカード（10分間の一時退場処分）を食らった。数的優位に立ったが、トライがなかなか取れなかった。激突が続く。新野共同主将がみぞおちをしたたかに打って倒れた。執念だ。歯を食いしばって、ふらふらと立ち上がり、試合に戻った。

後半30分。日体大はラインアウトからのドライビングモールをぐりぐり押し込んで、最後はフッカーの根塚選手が同点トライを挙げた。ここから、激しい攻防が続いた。すぐそばの航空自衛隊の府中基地から白い飛行機が真っ青な空に飛び立っていく。

小牧共同主将「ココロの底から負けられへん」

ともに死力を振り絞っての激闘だった。

スクラムで、フィールドプレーで奮闘した小牧共同主将は、「がんばりました」と言葉に充実感を漂わせた。

「取って、取られての試合だったんで。個人的には、去年卒業の先輩がＴＫＭにいたので、ココロの底から負けられへんと思っていました。でも、まだ次があるので、その試合に全精力を持っていきたいです」

古賀監督「粘り勝ち」

古賀監督は顔に安堵感が漂っていた。

試合をひと言でいうと、と聞けば、こう応えてくれた。

「粘り勝ちじゃないですか」

この前の試合（12月10日）の東京山九フェニックス戦では、後半、敵陣にいってもトライがなかなか取れず、苦杯を喫した。だからこそ、接戦を制しての勝利は価値がある。よく同点に追いつき、勝負の流れをつかんだ。メンバー交代が当たった。

「やはり、リザーブ組で勢いづきました。苦しい試合を勝ち切るのが前回できなかったので、今日はそれがやれてよかったです」

次戦、勝てば、文句なしで全国大会準決勝進出

これで日体大は4勝1敗の勝ち点19のリーグトップに立った。

次が年明けの1月6日、八王子市の上柚木公園陸上競技場で、リーグ最終戦の横河武蔵野戦となる。ここで3トライ差以上の勝ちでボーナスポイント1を獲得すれば、関東大会優勝となる。ただ負ければ、スコア次第では、全国大会準決勝には進めなくなる。

粘り勝ちした日体大。「ハイ、ポーズ」

要は、日体大が勝てば、文句なしで全国大会に進めるのだ。
さ、みなさん、サンタさんにプレゼントをお願いしよう。
もういっちょ、勝利をくださ〜い。

12 謹賀新年。日体大女子が「我慢の引き分け」で全国大会準決勝へ進出：日体大×横河武蔵野〔2024・1・7〕

謹賀新年。2024年が明けた。能登半島地震の被害の甚大さに胸を痛めながら、全国のラガーたちはラグビーができるありがたさを感じていることだろう。日本体育大学ラグビー部女子は15人制ラグビーの関東女子ラグビー大会「OTOWAカップ」最終戦で横河武蔵野アルテミ・スターズと戦い、21－21で引き分けた。

引き分けは勝ち点2だから、日体大は勝ち点21で関東大会を終えた。この日、日体大戦の次の試合で、東京山九フェニックスがRKUグレースに3トライ差以上の17－0で勝ったのでボーナス点を加えて勝ち点23と伸ばし、1位となった。結果、日体大は2位となり、全国大会準決勝（1月21日・鈴鹿）の出場権を辛うじて獲得した。ホッとした。

決戦を前に円陣を組む日体大

小牧共同主将「ラグビーができるのは当たり前じゃない」

1月6日、東京・八王子の上柚木公園陸上競技場。柚木は「ゆぎ」と読む。都心のベッドタウンである、競技場の周りには高層マンションが林立している。雲ひとつない青空が広がる。遠くには真っ白な富士山の頂が見える。

そんな長閑《のどか》な風景とは対照的に、グラウンドでは激しい攻防が繰り広げられた。共同主将のプロップ小牧日菜多選手は被災地に思いをはせ、「ラグビーができるのは当たり前じゃない」と

遠くには真っ白な頂の富士山

しみじみと漏らした。

「ボーナス点が取れず、悔しいですね。自分たちでミスやペナルティーをしてしまって、自分たちのラグビーができませんでした。でも、マジでみんな我慢してくれました」

確かにボーナス点を取って勝っていれば、1位になれたのだが。しかし、自慢の粘りのディフェンスは見せてくれた。タックル、タックル、またタックル。見ていて、胸が熱くなった。そこに日体大のふだんの努力と意地が見えた。

もしも負けていたら、全国大会準決勝へ進出はできなかった。つまり、勝ちに等しい引き分けなのだ。そう言葉をかければ、小牧共同主将は「ま。そうですね」と安堵の表情を浮かべた。

前半終盤5分間の鉄壁ディフェンス

指令塔のＣＴＢ新野由里菜共同主将を体調不良で欠いたこともあったのだろう、ゲームメイクで日体大らしいテンポのいい攻撃が鳴りを潜めた。ペナルティーは相手の6個に対し、日体大は15個（前半7、後半8）も犯した。

とくにブレイクダウン周辺で、主に前半はノット・ロール・アウェイ（タックルをした選手が倒れたままその場から離れずに相手のプレー、球出しを邪魔すること）、後半はノット・リリース・ザ・ボール（ボールを持った選手が倒れてしまったにもかかわらず、ボールを放さずに持ち続けること）の反則が目立った。判断ミス、ハンドリングミスもあり、半ば、自滅しかけた。

それでも、日体大は粘った。スクラムは劣勢に回ったが、相手得意のラインアウトでは優位に立った。マイボールはほぼ完ぺきだった。

前半24分、ラインアウトのモールを押し込み、右に展開。ラックの右サイドを突いて、プロップ小牧共同主将がポスト右に飛び込んだ。ＳＯ大内田夏月選手のゴールもなって、7－7の同点とした。

前半30分過ぎ、FWの大黒柱、ロックの村瀬加純選手が足を負傷し、担架で運び出された。日体大はコリジョン、FW戦で後手に回り出す。でも、気力は衰えない。プロップ小牧共同主将、フッカーの根塚智華選手、プロップの牛嶋菜々子選手のフロントロー陣ががんばる。前半のラスト5分。日体大はゴール前ピンチを続けながらも、しぶといタックルでゴールラインを割らせなかった。勝負所だった。よくぞ、持ちこたえた。

ピンチのラインアウトでファインスティール。向來「リフターのおかげです」

後半13分、ラックから左展開、CTB畑田桜子選手がハンドオフ&ステップでディフェンスラインをブレイクし、約50メートルを走り切った。トライだ。同点とされたあとの後半29分、WTB東あかり選手が自陣に蹴り込まれたボールをうまくキックで転がし、はねたボールを拾って、約60メートル走り、フォローしたナンバー8の向來桜子選手が中央に飛び込みトライした。

7点のリードも、後半31分、またも左隅にトライを許し、21-21とされたのだ。「ニッタイ、ガマン!」「ニッタイ! ノーペナ(ペナルティー)」との掛け声が飛ぶ。

ここからは、まさに死闘だった。横河武蔵野はFW勝負に徹してきた。どんどんと力づくで前に出てくる。日体大は耐えに耐える。一丸である。ロスタイムが2分だった。「あと10秒」との声がかかる。相手ボールのラインアウト。大ピンチだ。

ここで、ナンバー8の向來選手が相手ボールをどんぴしゃで奪ってスティールした。SH高橋沙羅選手がタッチ外に蹴り出し、ノーサイドだ。

試合後、「ナイス！ ラインアウト」と声をかければ、いつも陽気な向來は、「自分は跳んだだけです」と謙遜した。

「あれは、リフターがうまく、（自分を）持ち上げてくれたからです。ヒナタさん（小牧）のおかげです」

ディフェンスのラインアウトは駆け引き勝負である。相手の投入場所を読み切るかどうか。「（相手が）メンバーを代えてきたので、選択が消えました。そこ（自分のところ）に絞っただけです」と笑った。

	東京山九フェニックス	日本体育大学ラグビー部女子	横河武蔵野Artemi-Stars	立正大学アルカスパーバリアンズ	YOKOHAMA TKM	RKU グレース	OBL	勝敗	勝点	順位
東京山九フェニックス		○30-21 4T2G2PG	○29-17 4T3G1PG	●12-19 2T1G	○37-22 5T3G2PG	○17-0 3T1G	○57-19 9T6G	5勝1敗	23	1
日本体育大学ラグビー部女子	●21-30 3T3G		△21-21 3T3G	○52-17 8T6G	○24-17 4T2G	○50-12 8T5G	○42-5 6T6G	4勝1敗1分	21	2
横河武蔵野Artemi-Stars	●17-29 3T1G	△21-21 3T3G		○45-19 7T5G	●31-33 5T3G	○32-17 5T2G1PG	○26-5 4T3G	3勝2敗1分	17	3
立正大学アルカスパーバリアンズ	○19-12 3T2G	●17-52 3T1G	●19-45 3T2G		○24-22 4T2G	△24-24 4T2G	○42-14 7T2G1PG	3勝2敗1分	15	4
YOKOHAMA TKM	●22-37 4T1G	●17-24 3T1G	○33-31 5T4G	●22-24 4T1G		○22-7 3T2G1PG	○37-19 7T1G	3勝3敗	15	5
RKU グレース	●0-17	●12-50 2T1G	●17-32 3T1G	△24-24 4T2G	●7-22 1T1G		○33-21 5T4G	1勝4敗1分	6	6
OBL	●19-57 3T2G	●5-42 1T	●5-26 1T	●14-42 2T2G	●19-37 3T2G	●21-33 3T3G		6敗	0	7

OTAWAカップ　関東女子ラグビー大会最終成績（日本体育大学ラグビー部女子ホームページより）

夢をつなぐことができた

課題は多々、残った。でも、勝って反省できるのはラッキーである。古賀監督も疲労困憊のご様子だった。「厳しい試合でした」と安堵のため息を漏らす。

「ボーナスポイントを取れなくもなかったんですけど……。意地で何とか同点に持ち込めました。次につながったことがすべてです」

再び、小牧共同主将はこうだ。

「夢をつなぐことができました」

夢とはもちろん、全国制覇である。そう、そう、夢みてなんぼ、なのだ。

13　ああ涙のノーサイド。力尽きた日体大。成長の1年。ユニコーンズ魂はつづく：全国大会準決勝　日体大×ＰＥＡＲＬＳ

〔2024年1月23日〕

涙、涙、ああ涙のノーサイドである。2024年1月21日の日曜日。大学の雄、日本体育大学は、全国女子ラグビー選手権大会準決勝で、社会人クラブの三重・ＰＥＡＲＬＳに0－29で敗れた。濃密な1年が終わった。

共同主将のＣＴＢ、新野由里菜は泣いた。目は真っ赤だ。「めちゃ悔しいです」と漏らし、涙声でつづけた。

「自分たちがやりたいことができなくて……。それが、敗因かなと思います。みんな、限界までがんばったんですが」

感動と興奮のひたむきなタックル

「はるばる来たぜ～♪函館」ではなく、三重県鈴鹿市である。Ｆ1レースを開催する鈴鹿サーキット場そばの三重交通Gスポーツの杜鈴鹿ラグビー場。晴れ間が広がりながらも、レースカーのエンジン音のごとく、強風がゴォーゴォー吹き荒れていた。観客が数百人、その大半が地元のPEARLS応援団だった。

「小」が「大」を倒す。倒し続ける。その感激と興奮、やはりラグビーの醍醐味はタックルに尽きる。タックル、タックル、またタックル。日体大は序盤から強力外国人を擁する相手に前に出る鋭いディフェンスとひたむきなタックルで挑んでいった。だが…。

試合前にグラウンドの隅に並べられたジャージ

コリジョンで完敗

どうしてもコリジョンで圧力を受ける。ターンオーバーを許す。風上の前半。敵陣ゴール前に攻め込んでも、ブレイクダウンでボールを奪取された。加えて、ラインアウトだ。実は試合直前のアップでスローワーのフッカー、根塚智華選手が首筋を痛め、ボールを投げられなくなった。だから、序盤は、ナンバー8の地藏堂萌生選手が急きょ、スローイングせざるをえなくなった。敵陣に攻め込んでのマイボールのラインアウトを確保できなかった。古賀監督は開口一番、こう言った。

「完敗ですね」

深いため息をつき、淡々とした口調でつづける。

「前半、風上でチャンスが何度かあったのにもかかわらず、それを生かすことができませんでした。コリジョンでやられました。接点で相手の方が強かったですね。ラインアウトでボールがとれないのも痛かったです」

痛恨のインターセプト

それでも、前半は互角の内容だった。PEARLSのエミリー・チャンスラー、タフィト・ラファエレの両巨漢ロックの突進も猛タックルで押しとどめていた。ひとりで止まらないなら、結束のダブルタックルで。

あえて勝負のアヤを探せば、前半最後の失ったトライだろう。

日体大が敵陣深く攻め込んでの前半のラストプレーだった。ラインアウトから右に左にパスをつないで振り回す。ラックから左オープンに出た。ラインが勢いづく。トライチャンスだ！　と思った瞬間だった。名手SO大内田夏月選手のロングパスを、相手CTB、古屋みず希選手（2021年度・日体大キャプテン）にインターセプトされた。

日体大選手はすかさず戻る。走る。新野共同主将が懸命のバッキングアップからタックル。が、フォローしたCTBシャキーラ・ベイカーにつながれ、右中間に飛び込まれた。最後、CTB畑田桜子選手の戻りも届かなかった。このトライで、0－12となった。

古賀監督「もう疲労困憊。満身創痍です」

後半は、PEARLSペースとなった。日体大がいやなところを相手に突かれた。接点勝負。外国人を軸に接点を押し崩され、オフロードで短くつながれては裏に出られてしまった。その圧力たるや。どうしても、こちらのリズムは悪くなる。ミスも続発と悪循環に陥った。

0－29で試合終了。最後は新野共同主将のオープンキックが無情にもタッチラインの外まで転がってしまった。シーズン終了を告げるレフリーの笛が強風に乗った。

そういえば、この日の登録メンバーは規定の23人より1人少ない22人だった。理由を聞けば、古賀監督は「けがです」と苦笑した。

「もう疲労困憊、満身創痍です。決勝に進んでも辞退していたかも、というレベルです」

燃え尽きた日体大女子選手

FWの最前線で奮闘したプロップ、小牧日菜多共同主将は懸命に涙をこらえていた。スコアボードが遠くにみえる。「完敗ですか？」と聞けば、「はい」と小声で漏らした。

「ま、準備してきたことが出し切れませんでした。この2週間やってきたのは、ディフェンスの幅とかだったんですが。コリジョンで負けてしまったところが敗因でしょうか。分かっていたけれど、そこで止めきれなかったというか、やりきれなかったというか」

頑張り屋の小牧共同主将「感謝の1年です」

これでシーズンが終わる。

どんな1年でしたか？　と聞いた。

頑張り屋の小牧共同主将は「感謝の1年です」と言い切った。

「自分はみんなに感謝しかないなって思うんです。チームにいない時もあったけれど、新野らリーダー陣がうまくチームをコントロールしてくれました。日体って、すごくいいチームなんです」

その新野共同主将はこうだ。涙はもう、乾いている。

「むちゃくちゃ成長したなと思います。4年目でやっぱり、からだも技術面も精神面も成長したと思います。高校生の時と違って、考えながらプレーするようにもなりました」

1年のノーサイド。最後の円陣

古賀監督「学生の成長に驚かされる1年」

この1年。

日体大は代表チームに数多く選手を送り続けながらも、大会では結果をしっかり残した。

7人制ラグビーのセブンズシーズン。初夏。4大会で編成された『太陽生命ウイメンズセブンズ』シリーズで総合2位と大健闘した。真夏には、セブンズの大学交流大会で、日体大は決勝で東京山九フェニックスを破り、見事、2連覇を果たした。学生らしいひたむきさ、そのチームプレーは燦燦《さんさん》と光り輝いた。

どんな1年でしたか？　と聞けば、古賀監督は「う〜ん」としばし考え、こう言った。言葉に滋味がにじむ。

「学生の成長に驚かされる1年でした。太陽生命の新野、東（あかり）の活躍とか。そういうのは、3年生までの彼女たちの姿からは想像もできませんでした。この1年、4年生がずいぶん、頑張って、チームを引っ張ってくれました」

エース松田選手「ラグビーの楽しさが知れた4年間」

大学最後の試合。エースのバックス、松田凛日選手は後半途中から交代で22分間プレーした。鋭いステップを踏み、何度かゲインした。からだを張った。

陳腐な質問です。どうでした？

左足首の白色のテーピングテープをはがしながら、天真爛漫な松田選手は「あっけなく、終わっちゃった」と小さく笑った。「なんか、自分たちのやりたいことが全然できないまま、終わっちゃいました」

大学4年間は？

「ラグビーの楽しさがわかった4年間でした」

最後は笑って、「ユニコーンズ、ナンバーワン」

松田選手ら4年生はほとんどが卒業後、社会人のクラブでラグビーを続ける。

日本のエースは言った。いや言い切った。言葉に実感がこもる。

「これからも、楽しく成長し続けたいです。課題がまだまだ、ありますので。セブンズもじゅう・ごにん（15人）も。オリンピックやワールドカップで活躍できるような選手になります」

次のターゲットは、2024年7月開幕のパリ五輪だろう。大学シーズンは終わったけれど、ユニコーンズの魂は燃え続けるのである。

日体大ラグビー部女子のスローガンは「Be Powerfull」だった。

おわりに――感謝

出会いに感謝である。

日本体育大学ラグビー部の部長になって1年。たくさんの新たな出会いに恵まれた。ラグビー部の男女チームの学生はもちろん、監督、ヘッドコーチ、スタッフ、大学の学友会の役員、保護者、そして母校愛にあふれたOB、OGの方々……。わが母の遺言、「サンキュー、サンキュー、もういっちょサンキュー」である。

大事なのは、「あいうえお」の「う（運）」、「え（縁）」、「お（恩）」

やはり、ラグビーは一人ではできない、ということを改めて実感した。還暦を過ぎて、こんなにも新たなご縁ができるとは。楕円球の神様に感謝である。

40歳の頃、マスコミの共同通信社を離れ、フリーランスのスポーツ・ジャーナリストになった。同時に「人生の師」として慕う武藤芳照先生（東京大学名誉教授）を頼って、東京大学大学院の研究生となった。その時、先生から贈られた言葉を今でも忘れない。「あいうえお」の「う（運）」「え（縁）」「お（恩）」を大事にしなさい、と。

だから、武藤先生から受けた恩を学生に「倍返し」するつもりでやっている。大学教員としての授業でも、ラグビー部の活動でも。

この本に収容された部長日記にも書いた通り、僕はラグビーがとりもつご縁で生かされてきたようなものである。ラグビーを好きな人には悪い人はいない、と本気で信じている。ラグビーの教育的価値は抜群である。例えば、子どもたちが皆ラグビーをやったらいじめは消えると思っている。なぜかというと、ラグビーは今風にいうとダイバシティ（多様性）とインクルージョン（包括）の典型だから。

ラグビーでは、いろんな人が集まって生かし合わないとチームとして成立しない。他人をいじめるなんてありえない。相手に対する思いやり、リスペクトが大事なのだ。

もちろん、ラグビーは痛い、きつい。だから、いいのだ。痛みを知るのは大事だろう。加えて、仲間の大事さもわかる。例えば、タックルだ。タックルは自分の責任感の表現、チームのために自分が犠牲になる行為でもある。タックルする選手ばかりが社会をリードすれば、その社会はきっと、強くなる。

ニッタイは人をつくる。「縁」と「感謝」のありがたさ

ニッタイは人をつくる。卒業後、体育教師となり、高校ラグビーの指導者となったOBも多い（最近、相対的には減ってきているが）。そのOBたちが、教育現場で体育を指導し、ラグビーの魅力を伝える。スポーツを科学するニッタイの存在価値はそこだろう。

男子でやった「ふっきメシ（1部復帰必勝メシ）」のための『寄付金集めプロジェクト』にしろ、レスリング部との合同トレーニングにしろ、あるいは女子における工具専門店「ファクトリーギア」社のようなスポンサーにしろ、何より大事なことは学生が「感謝」を知ることなのだった。感謝を知れば、人間力が高まるものだ。

感謝という観点でいえば、こんなことがあった。2024年の年明け、ラグビー部女子は15人制ラグビーのOTOWAカップ関東女子大会最終戦（八王子・上柚木陸上競技場）で横河武蔵野アルテミ・スターズと戦い、引き分けた。元旦、甚大な被害を及ぼした能登半島地震が起きていた。

全九州高校新人大会の修猷館高の試合

試合後、共同主将のプロップ小牧日菜多選手は被災地に思いをはせ、「ラグビーができるのは当たり前じゃない」と漏らした。勝敗以外の何かを感じる。ラグビーができるのはありがたいことだ。その感性をうれしく思った。

体育人らしいラグビーをやろう

2024年2月中旬。

有望な高校生ラガーのリクルーティングの一環として、全九州高等学校新人大会（ひなた宮崎県総合運動公園ラグビー場）を訪ねた。

僕の母校の修猷館高校も出場していたが、ニッタイOBが指導する高校がいくつも参加していた。高校ラグビー界の重鎮、佐賀工業高校の小城博さんとニッタイの話となった。

黄金時代のニッタイ・ラグビー部をつくった綿井永寿先生（元日体大学長）の口癖が、

「体育人らしいラグビーをやろう」だったそうだ。

当時はラグビー部員も体育の先生をめざしている学生が多かった。小城さんは現役時代を懐かしんだ。「みんな俊敏さを身につけて、ルールを深く勉強して、とことん工夫したものですよ。それが卒業して、体育の先生になるひとつのコツだったんです」

現代のニッタイはやっとで関東大学対抗戦Aグループ（1部）に上がったとしても、まだ復活の端緒についたにすぎない。スタート地点だ。戦力的に見れば、1部上位チームには100点ゲームの敗戦をも覚悟しないといけない。そこで考える。どこに焦点をあてて強化し、どう強豪に挑んでいくのか。もっと工夫してください、というニッタイOBとしてのアドバイスだろう。

めざすは、ニッタイの価値の向上

リクルーティングでいえば、ニッタイは苦戦している。この全九州新人大会には、大学3連覇の帝京大・相馬朋和監督や京産大・廣瀬佳司監督、筑波大・嶋﨑達也監督、そして、僕の母校の早大・大田尾竜彦監督ら、強豪チームの指導陣が数多く、来ていた。

僕は、ニッタイの秋廣秀一監督とともに頭を下げて回った。監督は主に高校生のプレーを、僕は人柄を確認させてもらった。ラグビーは心が70％と思っている。素直かどうか、向上心があるかどうか。目が輝いているかどうか。

ニッタイOBのネットワークはすさまじい。これを生かさない手はないだろう。ただ現状としては、ニッタイを愛するOBの強豪高校の監督もトップクラスの選手をニッタイに送りにくいようだ。なぜだろう。ある高校の監督がこう、そっと教えてくれた。

「そりゃ、いつも母校を応援しています。強くなってほしいと思います。でも、大事なのは、大学の現役の生徒がいいラグビーをやっているか、いい環境で生活しているか、日々、充実感ある時間を過ごしているかどうかなんです。ニッタイに自分のチームのナンバーワンを送りたいかといえば、クエスチョンですね」

そうなのだ。大学のスポーツ推薦枠などの条件面もあろうが、まずは大学のラグビー部の成績を上げ、練習の内容の質を高め、クラブの雰囲気をよくするのが先決なのだろう。つまりは、めざすはクラブの価値の向上である。

余談ながら、大学の監督たちにはオーラがある。

例えば、帝京大の相馬監督。おおきな体躯、ふくよかな風貌。選手の保護者と話している最中、僕が「マイルドな体形ですよね」と冗談をいえば、相馬監督は「選手や親御さんに安心していただけるよう、ソフトな体づくりを心掛けています」と大笑いした。

相馬監督は帝京大OBながら、岩出雅之前監督はニッタイOBである。ありがたいことに、2023年12月の入れ替え戦の1週間前、ニッタイと練習試合を組んでいただいた。入れ替え戦までの準備を考えた場合、この試合の効果は大きかったと思う。

そんな趣旨のことをいえば、相馬監督は相好を崩した。

「力になれてよかったです。(ニッタイの1部復帰は)すごくうれしかったです」

誰もがラグビーをエンジョイできるクラブに

出会いといえば、各大学の監督との関係性はスポーツ・ジャーナリストの時とは大きく変わった。ニッタイの部長になってからは、日本代表はともかく、大学ラグビーの取材は原則、しないよう、自分で決めた。道義的な理由である。

代わりと言っては妙だが、ニッタイ・ラグビー部のホームページの「まっちゃん部長日記」なる雑文コラムをせっせと書かせてもらった。正直、批判的精神はさほどない。「報道」というより、「広報」みたいなものである。ま。日体大の部長だもの、〝永遠の応援団〟のスタンスでいいのではないかと思っている。

この1年、いろんなことを書いてきた。でも、実は悲し過ぎて、書けなかったこともある。秋シーズン本番の2023年10月、ひとりの4年生男子部員が合宿所を離れ、ラグビー部を退部した（その後、大学を退学）。スタッフとぶつかったらしい。

強豪高校出身のセンスの高い好選手だった。僕はもちろん、懸命になって本人に翻意を促した。あと3カ月。がんばってみたらどうだ、と。

その4年生の意志は固かった。ラグビーが好きなら、ラグビーを続けてほしい、とも言った。その返事はよく、覚えている。

「僕はラグビーを嫌いになったのです」

ショックだった。すみません、と何度も思った。ラグビー部として、前途ある若者に申し訳ないことをした。部長として、保護者にも、出身高校の監督にも電話で謝った。彼の言葉は本心ではなかったかもしれない。でも……。改めて、ラグビーを誰もがエンジョイできる部に改善しようと決意したのだった。

新たなチャレンジ「大学選手権初戦突破」

いざ、ニッタイの2024年度シーズンが始まった。

生活環境の改善のため、1年後の2025年春、ラグビー部合宿所を大規模なリフォームか、建て替えをめざして、2024年入学予定のラグビー部員は全員、新築の大学学生寮に入ってもらうことにした。

フォワード、とくにスクラム強化のため、僕の早大の後輩、名プロップで鳴らした佐藤友重さんにスポットのスクラムコーチとして加わってもらうことにした。

高校生があこがれるニッタイになってもらいたい。どうクラブの価値を高めていくのか。大学としても、ラグビー部を応援しようという空気が少しずつ膨らんでいる。上昇気流に乗って、さらにジャンプしたい。

旧友から贈られた「勝守」

自宅の黒色の机の右上には、早大時代の旧友から日体大部長就任時にもらった東京は亀戸香取神社の小さなお守りが飾ってある。「スポーツ振興の神」を祀る神社だ。お守りには、白星を引き寄せる白地に黒字で「勝守」と書かれ、金色の勝ち矢が付いている。

お守りを右手でぎゅっと握って、ひとりごちるのだ。楕円球の神様、ニッタイに勝ち運をください、と。

2024年度のニッタイ男子の目標は「全国大学選手権初戦突破」である。関東大学対抗戦グループで5位以上に入れば、大学選手権の出場権はゲットできる。そして、その大舞台でひとつは勝つのだ。

多くの人が、「そんなのムリ、ムリ」と笑うだろう。

でも、僕らは本気である。

何事もチャレンジ。若者を成長させるためには、一番は「成功体験」だろう。もう一歩、いや半歩、ぐいと前に出る。
青春は、夢みてなんぼ、なのだ。

2024年3月3日

日本体育大学ラグビー部部長　松瀬　学

主な歴史〈ラグビー部男子〉※日本体育大学ラグビー部ホームページより

1893年度　前身の体操練習所開設

1901年度　日本体育会体操学校遊戯倶楽部がラグビーの「実験」を開始（1899年にその実験が行われた可能性がある）

1933年度　ラグビー部（日本体育会体操学校研究会ラグビーフットボール部）に昇格し関東ラグビー蹴球協会に加盟。正式創部。

1937年度　深沢（現東京世田谷キャンパス）にグラウンド移転

1950年度　日本体育大学学友会ラグビー部に名称変更

1954年度　「チャンスの像」完成

1957年度　世田谷区深沢に合宿所新設　第8回全国新制大学大会 優勝

1969年度　関東大学対抗戦 優勝／第6回全国大学選手権大会 優勝／第7回日本選手権大会 優勝（王冠エンブレム作成）

1970年度　第7回全国大学選手権大会 準優勝
1977年度　健志台運動施設（現横浜健志台キャンパス）にラグビー専用グラウンド完成、健志台学生寮開設
1978年度　関東大学対抗戦　優勝／第15回全国大学選手権大会　優勝／第16回日本選手権大会 準優勝
1979年度　合宿所（横浜市青葉区鴨志田町、現ラグビー部合宿所所在地）建築
1983年度　ユニコーン・エンブレム作成、現行部歌制定
1987年度　ラグビー場、現在の場所に移動し新設
1989年度　関東大学対抗戦　優勝／第20回全国大学選手権大会　準優勝
1995年度　関東大学対抗戦　優勝／第26回全国大学選手権大会　準優勝
1996年度　合宿所建替え
2013年度　ラグビー場人工芝に改修
2023年度　関東大学対抗戦グループ、Aグループ（1部）復帰

主な歴史〈ラグビー部女子〉

1988年度　サークルとして創部
1994年度　10名入部し、初の単独チームに
1997年度　涙の不戦敗
1999年度　学友会ラグビー部の傘下に
2002年度　OGチーム Phoenix 発足
2010年度　再び単独チームに
2013年度　15人制　日本一
2014年度　15人制　日本一
2015年度　15人制　日本一
2016年度　太陽生命7sシリーズ年間総合優勝
2017年度　太陽生命7sシリーズ総合準優勝・15人制日本一奪還

2018年度　太陽生命7sシリーズ年間総合優勝＆15s日本一　完全制覇達成
2019年度　太陽生命7sシリーズ総合7位・15s関東4位
2020年度　太陽生命7sシリーズ中止・15s関東3位
2021年度　太陽生命7sシリーズ総合9位・15s関東 7位
2022年度　太陽生命7sシリーズ総合5位・学生7s優勝
2023年度　太陽生命7sシリーズ総合2位・学生7s 2連覇・15s全国ベスト4

松瀬 学 まつせ・まなぶ
長崎県生まれ。福岡・修猷館高校、早稲田大学ではラグビー部に所属。ポジションはNO8、プロップ。83年、共同通信社に入社。96年から4年間、米NY支局勤務。02年に同社退社後、フリーランスのスポーツ・ジャーナリストに。日本文藝家協会会員。元RWC組織委員会広報戦略長、現・日本体育大学教授、ラグビー部部長。著書は『汚れた金メダル―中国ドーピング疑惑を追う』『ノーサイドに乾杯！』『ONE TEAMのスクラム―日本代表はどう強くなったのか？』『東京五輪とジャーナリズム（共著）』など多数。モットーが「感謝」。

まっちゃん部長わくわく日記――日体大ラグビー再生

2024年3月15日発行　第1刷

著　者　松瀬　学
発行者　森下紀夫
発行所　論創社
〒101-0051 東京都千代田区神田神保町2-23 北井ビル
tel. 03-3264-5254　fax. 03-3264-5232
https:/www.ronso.co.jp/

組版・印刷・製本・装幀／精文堂印刷

ISBN 978-4-8460-2384-3 ⓒ2024 Manabu Matsuse, Printed in Japan
落丁・乱丁本はお取替えいたします。